不自由な脳

高次脳機能障害当事者に必要な支援

鈴木大介
山口加代子

●編集協力
一般社団法人
日本臨床心理士会

Ψ
金剛出版

はじめに

本書は、脳梗塞発症後に高次脳機能障害と診断されたルポライターの鈴木大介さんと、長年リハビリテーションセンターで臨床心理士として高次脳機能障害のある方とそのご家族の支援に携わってこられた山口加代子さんによる対談を書籍化したものである。このお二人の対談本の実現は、これまでの高次脳機能障害のリハビリテーションや支援において、なかなか着目されることのなかった当事者感覚と当事者の目線をとおして支援のあり方を問うという新たな視点を与えてくれるものになった。

リハビリテーションや福祉サービスの中で「高次脳機能障害」という用語が広く用いられるようになったきっかけは、平成一三年（二〇〇一年）に厚生労働省によって開始された「高次脳機能障害支援モデル事業」（以下、モデル事業）である。病気や外傷が原因で脳に何らかの損傷が生じると、日常生活や社会生活に種々の困難をもたらす記憶障害、注意障害、遂行機能障害、社会的行動障害などの認知障害がみられることがある。かつては、こうした認知障害が残存しても、一定程度の身体障害が残らない限り、何らの支援も補償も受けることができず、当事者もそのご家族もなすすべがなく苦しんでこられたという長い経過があった。これに対し、医療から福祉に至る連続したケアが適切に提供されていないことが社会的問題であるとの認識の高まりを背景に、モデル事業は開始された。

そして、日常生活や社会生活に困難をもたらす記憶障害、注意障害、遂行機能障害、社会的行動障害などの認知障害を行政的に「高次脳機能障害」、その障害のある人を「高次脳機能障害者」と呼び、支援施策の検討が開始された。

そこからすでに二〇年が経過しようとしている。これまでの間に、診断基準や医学的リハビリテーション、生活訓練などの標準的訓練プログラム、支援のための制度等が確立されてきた。モデル事業の開始時に、偶然にもリハビリテーション病院において心理士として高次脳機能障害に対するリハビリテーションプログラムの検討や実施体制の整備を担当した筆者からみると、この間の医療から地域福祉に至る種々のサービスの提供体制は、課題は残されているものの明らかに大きく前進してきたように思う。

全国の高次脳機能障害者数は、いくつかの方法で推計されてきたが、厚生労働省の平成二八年生活のしづらさなどに関する調査（全国在宅障害児・者実態調査）によれば、医師から高次脳機能障害と診断された方は、三二万七千人にのぼると推定されている。しかし、筆者は、最近、高次脳機能障害支援の立場から障害者ピアサポートに関する研究事業に関わる機会があり、何らかの形でピアサポート活動に主体的に取り組む高次脳機能障害当事者の話を聞きたいと考えた時に、認知機能や自己意識性などに関する障害特性の要因もあったかと推察されるが、全国に目を向けても予想していた以上に人探しに難航することとなった。確かに、ピアサポート活動に関わる当事者という点で、ハードルが高かったことも否めないが、当事者として自らの体験を発信されている方がそもそも少ないということも事実であった。それでも、近年、日本においても鈴木さんをはじめ、当事者によって執筆された手記などの出版物を目にする機会が増えてきたほか、研修会や講演会等で当事者が登壇し自身の体験を語る機会も少しずつ増えてきたように思う。そこで、語られる当事者の体験と思いに耳を傾けることは、高次脳機能障害当事者、そのご家族、リハビリテーションの専門職者、地域で支援に携わる者など、立場の違いがあってもそれぞれにとって学びの機会となり、気づきを与えてくれるものである。しかし、残念ながら、これまで、リハビリテーションや福祉サービスのコンシューマーである当事者の目線から支援のあり方を問い直そうという動きまではみられなかったと言ってもよいのではないだろうか。

本書では、鈴木さんが長年ルポライターとして社会のさまざまな困窮者と向き合い、彼らの代弁者でありたいという使命感をもって社会に訴え続けてきたまさにその目線で、自らを観察しその体験を語るとともに、体験する中で感じた疑問や思いからこれからの支援に向けて前向きな要望を投げかけている。さらには、心理士に対してどのような役割を求め、何を期待するのかについても言及されている。とかく、脳の損傷による認知障害そのものの軽減にもっぱら目が向けられがちなリハビリテーションが多い中で、心理士がリーダーシップをもち、認知障害のある「人」をどのように理解し、支援したらよいのか、問い直してほしいというメッセージが伝わってくる。

もう一点、心理士の方には、是非、頭の片隅に置いていただきたいことがある。臨床の現場にいると、学校生活や職場、地域などで、その環境に適応できずに苦しんでおられる方々の中に、過去に病気や外傷による脳損傷のエピソードがあり、高次脳機能障害の可能性がありながら、未診断のため支援につながってこなかったという方にいまだにお会いすることがある。こうした事例に対しては、高次脳機能障害があるかもしれないという視点に立って向き合うことによって、専門医や支援につなげられる可能性がある。その役割を担うのは、医療のみならず、教育、産業、司法など幅広い領域で活躍する心理士であると考える。だからこそ、認知障害が実際の日々の生活においては、どのような形で現れてくるのか、具体例を知り、それらを症状として理解するための神経心理学的な知識を備えておくことが重要である。

本書は、単なる対談本ではなく、対談で語られたさまざまなエピソードについて、神経心理学の視点からの解説が加えられたことによって、高次脳機能障害や脳機能にそれほど詳しくないという読者にとっても当事者の行動を理解する手助けとなるように構成されている。この点は、本書の最大の特徴の一つでもある。

目に見えない障害とも言われる高次脳機能障害の症状と、そこから生じる生活上の困り感や心理的反応についてのわかりやすい解説は、支援に携わる者にとって当事者の行動を理解し、支援の方向性を検討するうえでなくてはならないものだからである。さらに学びたいと考える読者には、解説で引用された文献も紹介されているので、参考にしていただくとよいと思う。

冒頭にも述べた通り、本書は、高次脳機能障害の当事者と臨床心理士との対談を書籍化したものであるが、決して心理士のみを対象としたものではない。是非、リハビリテーションに携わる専門職の方や福祉サービスを提供する地域の支援者はもちろんのこと、同じような困り感を抱えておられる当事者、ご家族にもご紹介いただき、ご一読いただきたいと思う。

本書が、一層の高次脳機能障害の理解促進の一助となるとともに、サービスのコンシューマーの視点が日々の高次脳機能障害のリハビリテーションや支援を見直すきっかけとなり、それが当事者の不安軽減や心理的破綻の予防、ひいては生活の質の向上につながることを望みたい。さらには、発達障害や認知症など脳機能障害の支援に携わる方々とも、相互の障害理解の促進と支援の共有が実現されることを心から願うものである。

二〇二一年

東京リハビリテーションセンター世田谷　四ノ宮美恵子

不自由な脳　高次脳機能障害当事者に必要な支援――目次

対談

不自由な脳

高次脳機能障害当事者に必要な支援

鈴木大介×山口加代子

1　発病前の生活の様子

鈴木　本に起こすにあたって、僕と同年代で似たような当事者さんが多いかどうかを先生から聞きたいのですが。

山口　私は少ないと思います。だって、鈴木さんはすごいですよ。鈴木さんほど内省ができている方は珍しいと思います。

鈴木　内省というよりは、病前の生活習慣や性格ではどうでしょう？　特に僕は、性格にすごく共通点がある当事者さんが多いと感じるんですよ。

山口　それはお若い方で、全体としてはハードな生活……以前、無酸素運動っておっしゃっていたかしら？

鈴木　人生そのものが無酸素運動型。

山口　そうそう、おっしゃっていましたよね。そういう生き急いでいる方が多いということはあると思います。それはあるかもしれない。

鈴木　それ多分、当事者支援のためにはすごく大事なポイントだと思っています。僕が脳梗塞を起こしたのは四一歳の時でしたが、病後に交流した同年代、つまり四十代、五十代といった就労世代当事者には、僕同様に休むことや何も考えずにじっとしていることが苦手で、寝る時間ももったいないというショートスリーパーで、完璧主義で、人に頼るなら自分でやっちゃうような、そういう性格の人が多かったように感じたんです。バリバリ働く営業職、個人事業主や経営者さんや、めちゃめちゃ働くシングルマザーといったケース。そういう人が病前の能力を失うことって、ギャップが大きいゆえの苦しさがあると思うんですよ。

山口　そうですよね、それはそうですよね。

鈴木　病前に抱えていたものが多い人ほど、失うものがとても大きい。しかも周りから見ると、失われた後も「できる人」に見えるというのが結構あるみたい。僕がそういうようなことを当事者さんに愚痴を言ったら、「僕もです」「私もです」みたいな感じで。

山口　鈴木さんの場合は脳梗塞でいらっしゃいますよね。

鈴木　そうですね。

山口　脳梗塞も、脳塞栓というわりと大きな血の塊がドーンっとくるのと、細いところが詰まるラクナ梗塞があるけれども、確か鈴木さんはアテローム[注1]ですよね。生活習慣病が絡む可能性がアテロームの場合はあると思います。血管の壁にお粥みたいなドロドロしたものができやすいのは、コレステロールが高かったりといったことがあると思うんです。一方で、例えばくも膜下出血は多くの場合先天性の脳動脈瘤（図1）が破裂して起こるので、それは少し違う成り立ちかと思います。

鈴木　なるほど、であれば、ストレスと血圧の方に関係するのかな。僕の場合、メンタルと血圧が完全に連動しています。妻が二〇一一年に余命宣告的な病気（脳腫瘍）で倒れ、その際に妻に家事を一切しなくていいから全部僕が抱えますということで闘病生活に入ったんです。

山口　精神的にものすごく不安な状況などを抱えると、当然血圧はワーッと上がる。かつ、それに物理的にいろんなことを一人でこなす。休む暇もないし、寝る時間もなかったり、あと精

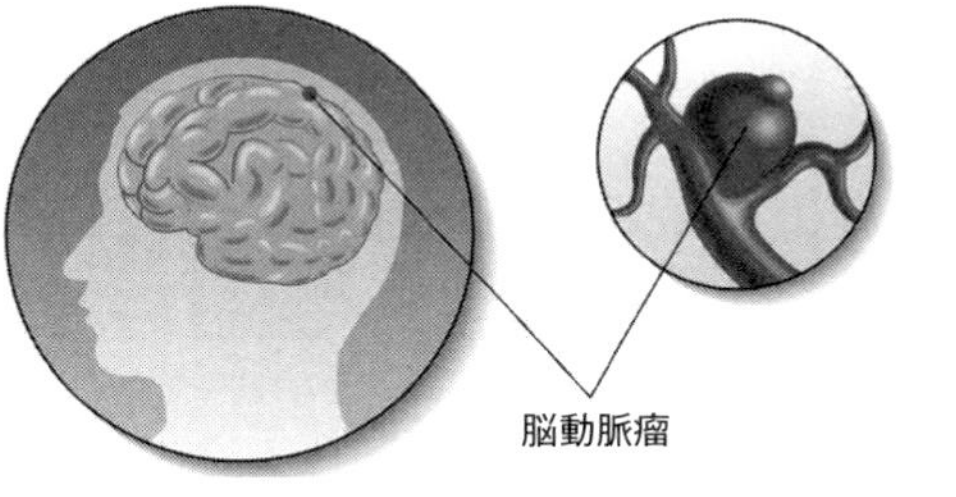

図1　脳動脈瘤

［注1］脳梗塞の種類
細い血管が詰まるラクナ梗塞、動脈硬化により動脈壁に沈着したアテローム（粥腫）のため動脈内腔が狭小化し、十分な脳血流を保てなくなり生じるアテローム血栓性脳梗塞、心臓から飛んできた血栓によって脳の血管が詰まる心原性脳梗塞の三種類がある。

脳梗塞の分類

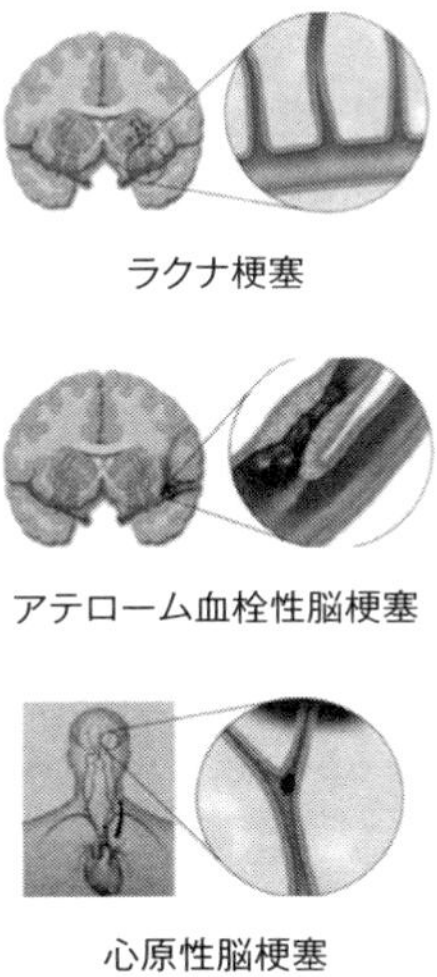

神的な緊張状態とそういう身体的な状態で交感神経の興奮が上がっている、みたいな状態が続かれてたってことはすごく大きな要因じゃないですかね。

鈴木　そうですね。妻の病院に月一回抗がん剤治療に行って、通院での抗がん剤治療だったんですね。その時に妻と一緒についでに僕も血圧を計ったら、やはり上が一八〇の下が一一〇とか。

山口　それは高い！　薬を飲んだほうがいいと言われなかったんですか？

鈴木　地域の無料定期健診では「高血圧ぎみなので減塩してくださいね」ぐらいなことは言われていました。でもお薬は出なかったですね。

山口　わりと塩分多めの食事だったんですか？　あと飲酒の習慣などは？

鈴木　塩分は多めだったと思いますが、飲酒はあまりありませんでした。お酒飲んでる暇があったら仕事しないといけないっていうのがあったので。

山口　やはりすごくストレスがかかっている状況で、高血圧は脳卒中のリスク要因なので、それが一つの要因としてあったと思います。

病前の仕事、ハードすぎる毎日

鈴木　あとは典型的なショートスリーパー、ロングワーカーだったということでしょうか。

山口　ショートスリーパーはいつ頃からそうなったのですか？　七時になったらパッと目が覚め

ちゃうみたいな？

鈴木　今はそうなんですが、昔は違ったんです。二七歳でフリーランスになった時は、結構昼ぐらいまで寝ていました。ただ、独立から一年ぐらいたって、同業者の中でちゃんと勝ち残っていくためには、担当編集が、会社に出勤した時に確認する最初のメールで原稿が入ってなかったら駄目だなと思ったんですね。

山口　なるほど。

鈴木　編集が来て、指示が来てから働いていたら他のライターさんと同じになっちゃうので、早め早めで動いて。

山口　じゃあ、そのショートスリーパーになるのもお仕事の特性絡みでってことなんですね。

鈴木　そうですね。フリーランスで他の人間にちゃんと差をつけていくために、ちゃんと午前中に仕事をしっかりやる習慣をつけようと思った時期があったんですが、その頃から逆にどんなに睡眠時間が少なくても、その日に仕事がなくても、朝の決まった時間には目が覚めてしまうようになってしまったんです。

山口　その時間にちゃんと起きてなきゃいけないっていう、そういうご自分に対するプレッシャーがかなりかかっていたような気がしますね。七時に起きてないと、というような。

鈴木　特に意識してプレッシャーをかけているつもりはないんですが……。ちょうど先週、朝方まで友達とお酒を飲む機会があって、三時半ぐらいまで飲んでいて、それでもいつも通り七時半前には目が覚めちゃうんですよね。困るのは、そうやって一度起きてしまったら、そこから寝れないことです。絶対身体に良くないですよね。

山口　眠れない？　眠くならない？

鈴木　ならないんです。

山口　今お話伺って、精神的なストレスもあったし、そういう体の面にもかなりストレスがかかっている状況だったってことですよね。

鈴木　そうですね。

山口　でも少しリラックスできる時間はおありだったんですか？　倒れる前、わりとリラックスして、のんびりするみたいな日なんかは？

鈴木　やはり性格がきっちりなんですよね。土日の朝に晴れたら洗濯したい。仕事がなければ遊びに出かけたい。こうなると、やはり性格がそもそも身体に負担をかけるタイプみたいな、なるようにしてなった印象が非常に強いんですよね。

山口　くつろぐことがすごく少なくて、テンション高め、交感神経が活発で、緊張状態が続く、そういう日々だったんですね。

鈴木　それを楽しんでいた気はします。

山口　充実はされてたんですね、きっとね。

鈴木　充実はしつつ、ただもう倒れるだろうなっていう予感はしていて。

山口　予感？　こんなことをしていたら倒れるんじゃないかっていう？

鈴木　そうですね。一番きつい仕事で漫画の連載の仕事があって、それの打ち合わせが最短で六時間、最長で一六時間ぐらいぶっ通しっていう。

山口　それすごいですね。

鈴木　そうですね。付き合っている編集者も漫画家も大変だったと思いますが、少し大変な作品だったので。

山口　出版業界の方、漫画家の方でも脳卒中で倒れた方は何人もいらっしゃいますよね。

鈴木　確かに同業者は多いですし、明確に共通点があるように思います。

2 発病

予兆

山口 そんな日々の中で実際にお倒れになりますが、予兆というか、今回の病院に担ぎ込まれる前に、実は一度「おかしいな」ってことがあったと伺った気がしますが。

鈴木 そうですね。倒れたのが五月末で、一番最初に症状があったのは二月です。

山口 じゃあ三カ月ぐらい前に少し何かの症状があったんですね。

鈴木 はい。それこそ本当に一六時間ぐらい編集部に缶詰でその週の連載の原作シナリオを執筆して、朝方に仕上がった時に左の指が動かなくなったってことがあったんです。

山口 左？ その時も左が動かなかったんですね。

鈴木 多分、その時も一過性の……。

山口 そうですね、脳虚血発作[注2]だと思いますね。

鈴木 だと思うんです。そのあと倒れる数日前ぐらいからも、所属している消防団の訓練中にや

山口　はり指が動かなくなることが何度かあって。

鈴木　何度かあった？

山口　そうですね。二日に一回の訓練で、三度ぐらいあったのかな。

鈴木　一般の方だと、同じこと――きっと、左側だと思うけれど――自分の手が動かないとかしびれるような感じが何回かおありになったとしても、ひょっとしたらこれは脳卒中になるかもしれないみたいなことは、多分、知識としておありにならないですよね。

山口　実際、僕も一度は外科にかかって、肘の神経障害かもしれないと言われたんです。

鈴木　生活歴、生活史をきちっと聞いてくださるドクターで、ひょっとしたらそういう腕の問題ではなくて、脳からきているかもしれないと思ってくださったら良かったですよね、今思うとね。

山口　医者は疑わなかったんですが、実は僕自身は脳かなって疑う気持ちはあったんです。それで、万が一脳だった場合に倒れたらまずいからってことで、倒れた時の連絡先のリストを先につくって、妻に渡していました。

鈴木　そういうお気持ちもあったんですね。

山口　けれど、いわゆる正常性バイアスが働いてしまいました。今そんなのになっている場合じゃないという気持ちもあったし。

鈴木　私たちは誰でもあると思いますが、まあそれは大丈夫だろうと思いたい。大変なことではないだろうと思う。

鈴木　大変なことと言われたくない（笑）言われたところで仕事を休むわけにもいかないし、結局倒れるまで止まらなかったんだろうなと思うんです。

倒れた時の状況、対応、感覚

山口　実際にかなり急激に悪くなる、いわゆる倒れるということが起こったのが五月ですが、その時のご様子を少しお伺いしていいですか？

鈴木　毎日のスケジュールとして、朝七時過ぎぐらいに起きて、そのままパソコンに向かって数行でもいいから原稿を書き始めるのが習慣だったんです。その日も手がうまく動かないので音声入力をしようとしたら、ろれつが回らない。左上唇がしびれて、口角からヨダレが垂れてしまうような状態で、これはもう決定的だなと思って。

［注2］一過性脳虚血発作は「ＴＩＡ」（transient［一過性の］ischemic［血流が乏しくなる］attack［発作］の英語の略称）とも呼ばれ、脳の一部の血液の流れが一時的に悪くなることで、半身の運動まひなどの症状が一過的に現れるものの、二四時間以内（多くは数分から数十分）に症状が消失する。脳細胞に栄養を与えている脳の動脈が血栓（血の塊）で詰まり、症状が出現するが、脳細胞が死んでしまう前に血液の流れが再びよくなるため、脳細胞が元の機能を回復し、症状も消失する。一過性脳虚血発作を治療しないで放っておくと、三カ月以内に一五〜二〇％が脳梗塞を発症し、そのうちの半数は一過性脳虚血発作を起こしてから数日以内（特に四八時間以内が危ない）に脳梗塞になることがわかっている。

山口　その時は、脳卒中というのは頭に浮かんだんですか?
鈴木　いくつかある可能性の中、脳梗塞で確定だなと。
山口　思ってらしたんですね。
鈴木　はい。そこで、千葉脳神経外科病院という脳外科の専門の病院があって――重粒子線療法か何かやっているのかな――、もともと妻の脳腫瘍が再発した時の選択肢として少し調べていたんです。それで妻に連絡をしてもらったら、すぐ来てくださいということで移動したって感じですね。
山口　良かったです。そこは血栓を溶かす、いわゆるtPA[注3]をやっているところなんですか?
鈴木　やっていますね。
山口　これ、どの病院でもできるわけではないんですよね。
鈴木　そうなんですか。
山口　そうなんです。確か発症から四時間半以内じゃないと駄目で、しかも条件がいくつかあります。あまり高齢の方は駄目とかね。だから早い時期にtPAで血栓を溶かせると、後遺症が軽くて済む。そこの脳神経外科に救急車でいらっしゃることになった?
鈴木　救急車じゃなくて、妻が僕の車を運転して向かったんですが、その間は、どんどんリアルタイムで世界観が壊れていきました。
山口　世界観が壊れる?

鈴木　思い出すだけで嫌な気持ちになるような、異様な感覚です。現実の世界を認識している自分の身体と、思考をしている自分がどんどん離れ離れになっていくような感じなんです。いわゆる臨死みたいに上から自分を見ているとかいう第三者的なものではなくて、自分の身体が自分のものだとはわかるのだけど、自分の核が、心がこの身体の中に入っていない感じ。

山口　心が自分に入ってない感じ？

鈴木　もしかしたらこれ、なたで腕をポンっと落としてみても痛くないんじゃないかなって感じ。

山口　実感がない自分がいて、でもそれを少し遠目に見ている感じですかね。

鈴木　身体は現実世界で現実を感じているんですが、精神活動をしている自分の核がこのへん（自分の体の外）に離れちゃって、身体が他人の物になったように感じるんです。その体を、離れたところにある僕が遠隔操作している感じ。

山口　遠隔操作している感じ？

鈴木　そう。他人っぽい身体を外から遠隔操作。実際身体を触れば感触はあるけれど、あまりに

［注3］ｔＰＡ：血栓溶解療法のこと。脳梗塞が生じた際に、脳の血管に詰まっている血栓（血の固まり）を溶かすことで、血流を再開させる治療法。脳の血管が詰まって間もないうちに血流を回復させれば、症状が軽く済む。しかし、すでに壊死が生じた部位に出血を起こす危険性（出血性梗塞）も高いため、すべての人に適応できるわけではない。

も他人っぽいので、もしかしたら切っても痛くないかもしれないと思えてしまう。

山口　自分の意思で自分が動いてなくて、違うところからもう一人の自分に遠隔操作されているような感じなんですかね。

鈴木　自分の意思では動くんですが、ダイレクト感がなくて、何か自分のものじゃないっぽい。

山口　ごめんなさい。非常にそれ興味深いなと思って。

鈴木　心理の先生方、皆さん興味深いと言いますよね。

山口　神経心理学でいうと「身体失認」というのがあります。例えば、動かない左手がそこにあるけれど、それは自分の手ではないと思う、というのがあります。そういうのが起こっているのか……。もっと、それが手だけではなくて。

鈴木　すべてですね。目や耳から入ってくる情報などに関しても全部リアリティがない。

山口　その辺は「離人感」という感じもするんですけれども。

鈴木　離人感……そうですね。この感覚を闘病記（鈴木、二〇一六、二〇一八）に書いて、「私もそれ同じことを感じています」と感想をくださる読者さんは、離人や解離で診断を受けてらっしゃる方が多かったんです。闘病記にはこの他人の身体を遠隔操作しているような感覚に加え、体中がサランラップでぐるぐる巻きにされて、その膜を介して外気を感じているような感じだと書いたんですが、高次脳機能障害以外の精神疾患の当事者さんからとても共感の反応が多かった部分です。

山口　生身で感じてないというか。

鈴木　生身じゃない感じ。何か……。

山口　違和感みたいなものはありましたか？

鈴木　違和感どころか、もう異世界感みたいな感じです。現実でない異様なホラー映画的世界に突っ込まれてしまったような。感覚的なものだけではなく、搬送されている途中はどんどん目の焦点が合わなくなって、物が二重に見えるようになってしまって。

山口　複視と言いますが、それもあったんですね。

鈴木　はい。極度の眠気がある時って、誰もが少し複視状態になるじゃないですか。見ているものに焦点が合わない。でも通常、集中するとキュッと焦点が戻りますよね。ところが、どれだけ集中しても、この焦点を維持できるのが一瞬だけで、すぐに複視に戻ってしまうんです。

山口　脳のタガがうまく締まっていないというか、変な言い方でごめんなさい。脳がうまくコントロールできなくなってしまった感じですかね。

鈴木　まさにそうです。

山口　脳が普段している自動的なコントロールが……。

鈴木　片っ端から全部なくなっている感じです。

自分はどこまで壊れているか

山口　ありがとうございます。そのあたりがちょうど病院に行くまでの感じで、それで病院に行った時もまだ意識がおありだったの？

鈴木　僕はずっと意識はなくなってないです。ＭＲＩを受ける話になって、確実に脳梗塞だろうなとは思いつつも、ＭＲＩの中の記憶もちゃんと残ってますね。闘病記にも書きましたけれど、ＭＲＩの音の単調なリズムに頭の中で音楽をかぶせて、まだあのメロディーを聞いて泣ける自分は残っているぞとか、そんなことを考えていました。

山口　ＭＲＩの中なのにずいぶんしっかりしてらしたんですね。

鈴木　世界が全部壊れてしまったような感覚の中、思考にしがみついているような感じだったかも。

山口　きっと確認していたんですね。自分、大丈夫かなって。

鈴木　脳梗塞だと覚悟した段階で一番心配だったのは、音楽を聞いて涙できる感性が失われたらどうしようということだったんです。情動の大きさは物書きの仕事の生命線なので。

山口　ご自分を確認するようなことをその時にされていたんですね、きっとね。

鈴木　まだ書けるのか、書けないのかが真っ先に気になったんですね。

山口　それで診断がついて、脳梗塞なのでｔＰＡをやったのかしら？

鈴木　点滴でやりました。

山口　点滴でやったんですね。血の塊を溶かすようなことを医療的にはしてもらって、その血の塊が溶けてからは症状が刻々と良くなるような感じがあったのかしら？

鈴木　ないです。

山口　ないんですか。

鈴木　どんどん異世界感は酷くなっていきますし、どんどん話したい言葉が出て来なくなって考えもまとまらなくなっていきました。

山口　悪くなっていく？

鈴木　もう、加速度的に。朝一番で違和感に気付いてから病院で処置を受けるまで二〜三時間だったと思うのですが、その間リアルタイムで脳神経細胞が死滅していったという感じでしょうか。処置を受けて良くなったではなく、点滴処置を受け、お昼ぐらいになって、ようやくそれ以上悪くなるのが止まったという感じです。

山口　止まったっていう感じがおありだった。

鈴木　とはいえ、明確にわかる状況でもありませんでした。次第に眠気が激しくなって、意識を保っているのに精一杯という感じだったので、何かあまり自分で認識できる状況じゃなかったかな。

3　入院中の様子

山口　そのあと入院になると思いますが、急性期病院での入院中に症状が急激に良くなる感じはあるものですか？

鈴木　身体の麻痺については、下肢の麻痺はなく左手と口の周りが中心だったんですが、入院後五日ほどでリハビリを始めてもらい、日々リハビリ課題をやるほどに機能が回復したという実感があります。一方で、高次脳機能障害の症状については、異世界感は一切緩和されず、ただ何もかもが不自由で苦しくて、自分に何が起こっているのかを認識するので精一杯の状況が続きました。

大当たりだったSTさん

鈴木　実は入院から二日目か三日目の段階で、脳外科の担当医が僕と家族を集めて、高次脳機能障害が残っているって告知をしてくれたんです。後々このタイミングで本人を前にしての障害名告知がものすごくレアケースだと知ったんですが。僕が「左にものすごく嫌なものがあるように感じて、右の上方しか見られないんです[注4]」と訴えたら、それは高次脳機能障害では比較的よくある半側空間無視だと教えてくれました。それで、即リハビリに入りましょうということになったんですね。

山口　そんなに早く教えてもらえた！

鈴木　最初のリハビリは入院五日目ぐらいからでしたが、担当になったＳＴ（言語聴覚士）さんからは、一番最初に病前の仕事の聞き取りをされたんです。そこで、僕が執筆業をやっていたことがわかると、「鈴木さん、その本をすぐに読ませてください」と言われ、本を一冊お貸したんですが、翌日にはそれを全部読んできてくださった。

　その時にＳＴさんは、病前の著書から僕自身に障害全般に対しての抵抗感が少ないと判断してくれたんだと思います。それで、高次脳機能障害とはなんぞやの解説をしっかりしてくださり、注意障害があって、遂行機能障害があって、これこれこういう後遺症がありますよって説明をしてくれました。

山口　それはすごく珍しいご経験だと思います。

鈴木　あとから聞くと、本当に珍しいＳＴさんだったみたいですね。

山口　一般的に、そんな早い段階できちっと高次脳機能障害のことを説明してもらった人に、私はあまりお会いしたことがないですね。私はどちらかというと、回復期が終わった方にいっぱいお目にかかっていますけれど、前の病院で高次脳機能障害のことを言われていない方もいらっしゃるし、あるいは高次脳機能障害と言われたけれど、それに対する説明はなかったという方が圧倒的に多いです。入院中に訓練室内のリハを一生懸命実施してくれるけど、実はその方が日常生活に戻った時に何でお困りになるか、その人が一番何を大事にしているのか、そういう価値観も含めて、その方のリハを組み立てていってくれる訓練士さんって残念ながら日本でまだ少ない気がします。

鈴木 そうですね。日常に戻った後のお困りごとの指導まではいただけませんでしたが、とにかく障害告知が早くストレートだったことは、大当たりだったような気がする。

山口 すごい大当たりだと思いますよ。

鈴木 具体的にどのような説明を受けたかというと、まずは左無視がどういう機序で起こるか説明してくれました。加えて半側空間無視になるとどうして右側を凝視してしまうのかなどについても、注意という機能がもともと右脳優位なことに原因があるとか、すごく踏み込んだことを教えてくれたんです。

山口 それは鈴木さんの書かれたものをお読みになられて、鈴木さんがきちっと物事を客観的に

［注4］左半側空間無視は視野の障害ではなく空間的注意の障害であり、左側の空間や左側にあるものに注意が向かなくなる障害である。鈴木さんは「左に嫌なものがある気がする」と述べているが、「なぜかわからないが、左を見るのが怖いような気がする」という内観を述べる方もいる。

見ようとする、また論理立てて物事を考える方だと思われたので、きっと他の方とはまた違う、きちっと説明するスタンスで関わられたんじゃないかと思います。

鈴木 告知を受けた際に、高次脳機能障害に含まれる細かい障害名が発達障害と大きく被っていますよねなんてことを、僕がＳＴさんにお話しできたのも良かったのかもしれません。本当に稀有な体験だったと思いますね。

障害当事者になってラッキー？

山口 そのＳＴさんは人に合わせたリハビリを提供してくださる方で、鈴木さんは本当に超ラッキーだったのではないかと思います。でもどうですかね、そのようにはっきり説明されて――ご自分で先ほど自分はあまり障害に抵抗感がないと思われたと思うとおっしゃられたけれども――、それでも一般の方は普通、障害という言葉だけで少し後ずさりしたくなるお気持ちになられる方が多いと思います。鈴木さんの場合はそのＳＴさんの説明を受けて、どのようなお気持ちになられたんですか？

鈴木 僕は病前の仕事を含めて特殊すぎるので参考にはならないとは思いますが、自分が障害当事者になったと言われて、まず思ったのは「やっぱり」「やっぱりか」という感じ。足をくじいてもすごく痛いので病院に行ったら「折れてますね」「やっぱりかー」という文脈と同じ感覚でした。あと、その一方で僕は「ラッキー」と思ったんですよね。今まで障害を持っている人たちの苦しさを代弁したい、なんとかその人たちの気持ちがわかりたいと思っていたわけなので、ようやくあの人たちの気持ちを自ら知れるようになったと思いました。

山口　そういうなんとか代弁したいと思っている方は、一般的に百人いたら百人がみんなそう思っているわけではないので鈴木さんは特殊だと思うんです。そのお仕事を選ばれたこともそうだと思うし、障害のある方に向き合う中で、もっとこの人たちのことをわかりたいというお気持ちがきっとおありになったからラッキーと思った。これは先ほど「稀有」というお言葉をお使いになったけれど、本当に私、稀有なことだと思うんです。

鈴木　そうですね。ただこれは、他の当事者さんや、多くの普遍的な当事者さんに触れる心理さんにはあまり参考にならないような気がしませんか？　どうしても、僕の特殊性が入ってくるとね。

複視

鈴木　症状の感じからすると、このSTさんからそういう説明を受けて、当事者のご家族が描いた『日々コウジ中』（柴本、二〇一〇）という漫画と、あとは山田規畝子さんの『壊れた脳 生存する知』（山田、二〇〇四）という本を勧めていただいて、すぐに両方入手したんですけれども、読むことそのものがとてつもなく困難という症状がありました。漫画は読んだコマの次にどこのコマを読めばいいのかがわからないんです。多分複視も悪さをしていたと思うんですが、一度読んだコマが複視があるともう一回出てくるんですよ。それで、アレ？　ってなっているうちに、すでに読んだコマの内容も忘れて、内容がつながらないんです。

山口　結構、複視が激しかったんですね。でも、先ほど右の凝視とおっしゃったでしょ。あれは多分神経心理学的にいうと、右への過注意ということだと思うんです。本当は目を左にスライドさせなければいけないんだけど、どうしても右へ右へと引っ張られてしまう。だから漫画で、ご自分では次のコマへ視線を移動しているつもりなんだけど、やはり戻ってしまっている。

鈴木　ああ、それはあるかもしれません。同じコマが出てきたなと思って、あれれれと思った時に、俯瞰するとここにも右の方にも同じコマがある！　っていうのは複視だと思うんですが、いま思い起こすと左に読み進めるとか、見開きのページをきちんと見るということが難しかった感覚はあります。ページの左右で左の情報が入りづらいみたいな。カルテの中では構成失行的なものが書いてあって、その関連かと思ってたんですが。

山口　空間の把握がうまくいかなかったことも絡んでいたということなんでしょうかね。でも左半側空間無視の症状がメインだったように思います。

鈴木　一方で書籍のほうはもっと壊滅的で、読みはじめの最初に、もう三行以上読めない。三行読むと、一行目の内容がわからなくなって読み戻ることの繰り返しで、本気で集中しないと何を書いてあるかが頭に入ってこない。でも集中すると猛烈な眠気が襲ってきて、本を手に持ち続けていることだけでも難しいという……。

山口　それは結構ショックだったんじゃないですか？

鈴木　そうですね。

山口　執筆業っていうお仕事からするとね。

発症に感じた達成感と開放感

鈴木　ただ、ショックだった一方でいろんな感情があったんです。まず一つは達成感があった。倒れるまで仕事を頑張って追い詰めた、自分のことを追い込むことができたんだという。僕、自己評価が非常に低い人間なので、何かちゃんと頑張った結果として、倒れるのも一つの頑張った到達点として感じてしまったんです。

山口　達成感がおありになった？

鈴木　そうです。よくぞここまで追い込んで、自分のことを追い詰めて頑張ることができたというような達成感が一つありました。もう一つは開放感があって、苦しい人たちの代弁をする気持ちはあるけれども、もう、確実に今までのようには頑張れない自分になってしまっている。だから、あとは自分の人生に責任を持たなくてもいいんだ、というような開放感があったんです。

山口　それは伺っていて、少しホッとします。

鈴木　その開放感はすぐになくなったんですけれど。

山口　そうだったんですか。

鈴木　そうですね。急性期の一番最初の頃はその開放感がありました。もう駄目になったんだから、あとは誰かに食べさせてもらおうとか。

山口　あの生活に戻らなくていいんだっていう。

鈴木　そう。というふうに思いましたね。実際、回復していく経緯で、まだこれからもまだ頑張って人生を続けなけりゃならないんだってところに着地せざるを得ませんでしたが。

自分の中に残っている部分

鈴木　けれどあともう一つ、前向きになれる要素があったんです。確かに世界はぐちゃぐちゃに壊れてしまっているようだし、思考することも話すことも、ものすごくゆっくりしかできない。けれど、本当にゆっくりであれば、病前通りの理解力や思考能力はあるんじゃないかって、確信があったんです。例えばSTさんから右凝視についての説明を受けた時に、「人間の脳はもともと左と右でいうと、左脳のほうは、右方面に対しての注意が優先的に強い部分があって、左の注意が右脳がやられたことによって弱くなってしまったので、逆にその右のほうが強くドライブしてしまっている」という説明[注5]を受けて、僕はそれをすんなり理解できたわけで。

山口　それを言語で説明されて理解できたんですか……。

鈴木　図に描きながらゆっくり説明してくれましたからね。それで、こんな感じでゆっくりならそれなりに難しいテーマでも論理的思考ができるし、パソコンを持ってきてもらって、それをテキストにして打ち込むこともできる。特に筋道を立てて話すことが難しいけど、紙に書きながらなら筋道を立てて文書にすることはできる。つまり、完全に壊れたわけじゃない。本当に当たり前のことができなくなっているけど、ゆっくりゆっくりしか思考できないけど、自分の中に壊れていない病前の自分がちゃんと残っているって思えたんです。なので、そこであまり絶望はせず、前向きに考えられる要素でした。

山口　それはとても良かったですよね。その安心感を少し持てたのが。それは多分一〇〇%では

［注5］鈴木さんが受けた説明は、Kinsbourne の説である。Kinsbourne は右脳は両側空間を監視しているが、左脳は右視野のみしか監視していない。従って、左脳損傷では、損傷されていない右脳が両側空間を監視できるが、右脳損傷では、損傷されていない左脳が右空間しか監視できないため左半側空間無視が生じると説明している。

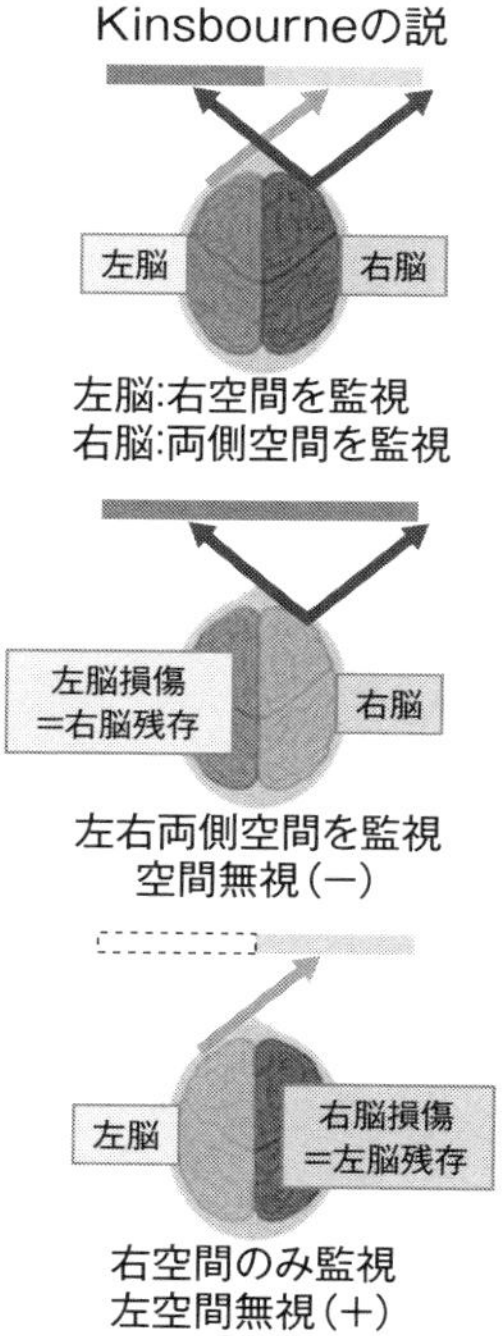

ないと思いますけれど、ものすごく自分が大事だと思っている部分で安心感をもてたというのが。

鈴木　ぬか喜びでしたけど。

山口　いや、ぬか喜びではないと思うんです。多分、その安心感がおありになり、でもまだその時には見えないものがあったということですよね、きっとね。

効果的だった体のリハビリ

鈴木　入院中の僕が前向きだったことには、もう一つ、入院中の身体のリハビリについて、あまりにも効果が劇的だったことがあります。左手は本当にゆっくりグーパーするのがやっとというぐらいの程度の麻痺だったんですが、その状態から、退院するまでの五〇日程度で、パソコンのキーボードをタイピングできるぐらいまで回復させてもらえましたから。

山口　手のリハビリって、今いろいろと新しい治療も出ているので、具体的にどういうリハビリを受けられたのかわかりませんけれど、一つはｔＰＡが効いたんだと思います。――本当に早く、一時間半ぐらいか、ＭＲＩに入っているからもう少し後かもしれないけれど、それでも四時間半以内には多分点滴をされていたと思うので、それはすごく大きいだろうと思います。そして、早期にいいリハビリをお受けになられた可能性があるのと、もう一つはお若いことですね。やはりお若い方のほうが回復力が高いと経験的に思います。

鈴木　OT（作業療法士）さんは、本当に優秀でしたね。五指の中でも少し自由な指とほとんど思い通りに動かない指がある中、ものすごく的確に何ができないのかを見抜いてくれるんです。そして手を添えてくださって、自分が力を入れないでただ動かしてもらって、この動きを自分で再現できますかと言われて、パッと手を離されると少しできるんですよ、ゆっくり。しばらくするとまた動かなくなるんですが、そうしたことを繰り返すうちに急速に動きを取り戻すというか、覚えていったんです。課題の提供も本当に的を射ていて。

山口　麻痺そのものも多分軽かったんだと思いますよ。

鈴木　多分そうなんでしょうね。まったく動かないの根っこに、少し動く可能性も残っていたかもしれない。

山口　鈴木さんは足の麻痺がないじゃないですか。だからやはり、かなり局所的な血管の詰まりだったんだと思うんですよね。だからいろいろなことが幸いしたのだと思います。そのように手が良くなったことで、わりと一般の方だと手が良くなったからもう大丈夫と思う人が結構多いんですけれども、鈴木さんの場合は違ったんですよね。手は良くなった、けど。

鈴木　身体的に家庭生活が送れるなら、限られた病床を占有して入院している必要はないだろうって、もう退院でいいですね、と回復期病棟の先生に言っちゃったんです。複視が激しいとかちょっと集中すると耐えられない眠気が襲うといった激しい症状は入院から一カ月もせずに徐々に解消傾向に向かいましたし、何より入院生活で自由を制限されることが非

常につらくて、とにかく早く退院してバリバリ動いたほうが、早く回復するんじゃないか
という気持ちもあって。

4　退院後に気付いたこと

山口　お話を伺っていて、入院している必要はなくて、ただその後の手のリハビリやひょっとしたらＳＴのリハビリは必要だけれど、鈴木さんの場合は外来でもやれる状況だったんですよね？

鈴木　いや、どうでしょう。今思うと、退院は少し早かったかと思いますけれども。

山口　そうですか？

鈴木　やはり退院した後の日々が地獄すぎて。当たり前の日常生活のことあるごとに玉砕レベルのつらい体験をしてしまいましたから。病棟内がいかに「情報量の制限された、守られた空間」なのかということだと思いますが、もう本当に玉砕です。無策で真正面からぶち当たって、砕け散ったという印象。

　退院の当日に妻とお義母さんと一緒に食べに行ったラーメン屋で、その場でラーメンが「おいしすぎる」とラーメン屋のおばちゃんに言って号泣してしまい、そのあとスーパーマーケットに行ったら、商品がたくさんあって、色がたくさんあって、音がたくさんあって、そこでパニックを起こして座り込んでしまって。駄目押しに、その後家に帰る途中に車から見える夕日がきれいだと号泣してしまう。病院の外という社会で、脳に入るあらゆる情報の処理が、量的にもスピード的にもできない。感情のコントロールもできなくて……。

山口　その自分にものすごくびっくりされた……。

鈴木　びっくりしましたね。病院内でもそれなりにうるさいところで、話が聞き取れないとかの問題があったりはしたけれど、そこまで壊滅的にできなくなっていたとは思ってなかった。

山口　病院の中って刺激は限られています。特にお年寄りが多かったりすると、いろいろな語りかけもゆっくりだったりする中で、多分自分はすごく良くなっているし、そんなに障害があるとは思っていらっしゃらなかったのではないかと思います。高次脳機能障害のある方の中には、スーパーなどは苦手な方が多いのです。私も実はあまり好きではないのですけれど、ああいう刺激の多いところにワッと入ると、面食らうというか。

鈴木　面食らうどころではない。一番最初のスーパーもそうですし、その後も駅の構内などでよくあったパニックで、自分がどこにいるのか、どこに行きたかったのか、なんのためにここにいるか、入ってくる音の言葉の意味など全部入ってこなくなっちゃう。身体的にもこのまま救急搬送されなかったら死ぬかもしれないと思うほど、苦しさを伴います。

情報が多いと……

山口　今お話ししてくださっている症状は発達障害の方にものすごく共通しているかと思うので、詳しくお話を伺いたいと思っています。情報過多と私は整理しているのですけれども、やはり発達障害の方もそうですけれど、脳の中にある情報に対するセンサーがうまく作動しないというか、拾いすぎてしまう。整理できない。それでうまく流したり捨てたりできないままに、情報を自分の中に取り込みすぎてしまって、どうしてもそれの交通整理ができなくて、情報の洪水と言っている方がいますが。

鈴木　本当、その文字通りです。

山口　そういう感じですか？

鈴木　もう全部入ってくるので、何もかも処理できなくなってしまう。

山口　だから本当に溺れるしかないっていう。

鈴木　そうですね、溺れる感じですね。自閉の子のパニックとまったく同じ状況だと思います。脳に入ってくる情報が止まらなくて遮断したくて、もう目をつぶって、耳を塞いでしゃがみ込むしかない。

山口　自閉症の方でご自分でそういうことをおっしゃり始めている方も実は何人かいますけれども、ここまで明快にはおっしゃってくださらないので、今のことはすごく大事だと思っています。障がいのある方を支援する方に知っておいてもらいたいなと思ってるんですよね。

定型発達の方や、脳に大きな損傷がなく生きている人は、うまく不必要な情報をスルーしてコントロールして、うまくやりくりしているのだと思うんですけど、情報をうまく自分の中で制御できないというか、フィルターにうまくかけられない人はそこをシャットアウトするしかないし、その時にすごく苦しいとおっしゃいますよね。

鈴木　そうです。それがそこまでの苦しさを伴うというのが、一番想定外です。今まで自閉さんではなかったとしても、うつの人やパニック障害を持っている人のパニックを目の前で見たことがありました。そういった方たちは、閉じこもっている感じで、ちょっと勘弁してと外の情報から逃れようと殻に入っているように見えたのですけれど、その時にそこまで耐え難い苦しさを感じているとは思ってもみなかった。障害を持つ当事者への取材の中で、僕自身の問いかけた相手をパニックに追い込んでしまったこともあります。なんて残酷なことをしてしまったのかと、後悔しかありません。

山口　殻に入らざるを得ないほど苦しいってことですね。

鈴木　そうです。脳内で必死に思考を復活させようとしているのに、入ってくる情報を遮断できない。「大丈夫?」という声かけですら、その混乱を助長させる攻撃になります。身体的にも猛烈な苦しさがあって、まずは全身に力が入らない感じですね。

山口　力が入らない。

鈴木　特に下肢に力が入らなくて、高いところにいきなりポイッと出されて、高所恐怖症の人が

山口　高いところにわたした細い板の上にパッと置いておかれたら……。

鈴木　何か固まっちゃう感じ。

山口　固まっちゃうし、怖いからしゃがむしかないですよね。あんな感じで、命の恐怖を感じるようなすくみがあって、全身、特に下半身から力が抜けちゃう感じですね。

鈴木　イメージ的には硬直っていうイメージなんですけれど。

山口　硬直ではなく、力が入らず立っていられない感じです。そして、耐え難い具合の悪さ、気持ちの悪さといった身体症状も一緒に併発するんです。

鈴木　気持ちが悪い？　ムカムカしたりするの？

山口　します。嘔吐はしないけれども吐き気のようなものもあるし。酸欠や脳貧血に近いような。わかります？　朝礼や満員電車で目の前が真っ暗になってしまう。あの感じです。

鈴木　真っ白ってよく言いますけれど、私も脳貧血、何回かあったので、脳みそが、空になっていく感じですね。脳みそ空っぽになる感じ。あれね、立っていられないですよね。しゃがみ込むしかない。わかりました。苦しいというのが、観念的に苦しいのではなくて、本当に身体症状も出てしまって、それも含めてダブルに苦しい感じなんですね。

山口　そう、そして、露骨に麻痺も戻ります。

鈴木　麻痺が戻る？

山口　そうですね。手もワヤワヤ勝手に動いたし、左もずっと重くなった感じがして、一番最初にそういうパニックを起こした時に僕は再発したと思ったんです。また詰まったかなって思うぐらい身体的にも出てきますよね。

山口　脳がオーバーフローというか、処理困難という状況で、それまで精一杯やっていることが一切できなくなってしまうような感じですかね。鈴木さんが前におっしゃっていたのは、一生懸命処理をしようとして一二〇％脳を稼働させているというか、無理矢理脳を働かせているのに、もうこれ以上無理みたいな。今、パニックになるということを、発達障害の方にもすごく共通しているメカニズムを話してくださって、私これはすごく大事なことだと思っていて、特にその中で苦しいということが実はあまり支援者に伝わっていないんじゃないかと思っています。それこそ自閉の方はむしろ自分の世界にこもっているみたいな、そういう誤解が以前にはあったと思うんですね。

鈴木　そう。外界の情報がなくなってくれるわけではないので、安全なところに閉じこもっているわけではないんです。必死にガードして助けてくれという様態が、そのしゃがみこんで丸くなって固まっている状態なんです。何度かそれを経験して、それがいわゆるパニックと言われるもので、そのまま死ぬわけではないとわかるまでは、毎回本当にこのまま自分の精神は壊れてしまって戻らないのではないか、救急車を呼ばなければ死ぬんじゃないかという恐怖もあって出先で身動きとれなくなって妻に助けに来てもらったり、本当に地獄のような体験でした。

壊れた脳を運転している感じ

山口　固まってしまうことについて、先ほど情報過多ということを申し上げましたが、感覚過敏というか、お倒れになってから感覚の入り方が違ってきてしまったということもありますか？

鈴木　もちろん感覚過敏もあって、以前なら脳が自動的に遮断していた音や光が全部入ってきてしまうってことはあります。けどそれ以前に、静かな環境でもただ自分の現実感や思考などを平静な状態に保っているだけで必死の状態といえば良いでしょうか。人は何もしていないと言っても、身体を縦にしていたり、ただ目をあけていたり、耳をふさいでいなかったり、感情を平静に保ったり、そうして得られる情報を統合して現実感を得ている。それは起床しているだけで脳が情報処理をしているってことだと思うんですが、病後の脳はそれだけで精一杯なんです。ただ普通でいることが全力なので、少しでも外的な情報が入ると、その自分と世界観と思考が全部崩れちゃう。ガサーッと。

山口　多分、お倒れになる前は自動的に意識せずにできていたことが、かなり意識的に頑張らないとできない状態……。

鈴木　そうですね。本来なら無意識で脳がこなしているレベルの情報処理が、常に破綻寸前という感じなんです。なので、実は頑張りようがない。人間って、意識しなくても周囲の情報を統合して世界観や現実感などをつくり上げて、その上のレベルに思考活動みたいな表層的な情報処理があると思うんです。けれど、そのベースが破綻寸前なので、少しでも外的なもの——早い情報、大きい情報、突然の情報——、あらゆる情報が入ってくると、全部が崩壊してしまうんですね。それで立て直せない。

山口　ゴールドスタインという人が「破局反応」という言葉で説明しています。情報を、それまで何とか処理できていたのに、もう一つ何かの情報が乗っかると、それまでできていたこともガラガラとできなくなるという状態を指すのですが……。

鈴木　まさにそれですね。比喩として、人間が現実感を得たり情緒を平静に保ち思考するという脳の情報処理活動を「自転車を運転していること」に例えると、普通の人がスイスイ走らせることのできる自転車が、何もしなくてもグラグラでゆっくりしか走らせられないような状態なんです。普通の人がすんなりクリアできるような、外的な風や道路のでこぼこといった情報で、すぐにこの自転車は倒れてしまう。でも最大の問題は、転倒した後に自転車がバラバラになってしまって、パーツを集められないこと。一回崩れた自分の感情や情報処理や世界観や現実感を、自分で再構築するまでにすごく時間がかかるんです。その間がすごくつらい状態ですね。

山口　自転車のパーツとパーツがきちっとネジで固定されて安定しているわけではなくて……。

鈴木　ぐちゃぐちゃの自転車に乗っている感じですね。それは壊れた脳を運転している感じだと思うんです。

山口　それもすごくわかりやすい比喩だと思います。ネジがちゃんと留まってなくて、自分では一生懸命留めようとしているんだけれど、ネジ同士がうまく合わないから留まってなくて、些細なことでそれがガシャガシャッと壊れて、でもそのパーツがどこにあるのか、自分の中での自転車の図面というか、何がどこにいくのか構造がちゃんとイメージできないから、それを集めるのも必死だけれど、組み立てるのも必死だし、パーツとパーツを留めるのも必死だしと、そういうイメージで理解しました。

パニックの怖さ

鈴木　本当に、一回パニックになっちゃうと、加速度的にパニックはきつくなるんですよ。多すぎる情報を処理しきれなくてパニックになっても、その時点で脳の情報処理が破綻してしまっていても、周りの情報がなくなってくれるわけではないですよね。すでに破綻しているのに、情報はどんどん脳に入力されてくる。どんどん自分を乱し続ける。そんな中で、何とかして情報処理を立て直そうとすることが、苦しさの根本かもしれないです。

山口　パニックは私も少し経験があります。すごく暑い中でいろいろなことがあって閾値を超えたんだと思いますが、その時に普段だったらキレないようなことでキレてしまった自分にまた驚いて、どうしようもなくなってしまった感じがあって。そういう自分にまた驚いちゃって、どうしたらいいかわからないという経験がありますね。その自分の経験と重ねて少し理解しました。合っているかどうかはわかりませんけれど。加速度的に悪くなるって、そういうできない自分にまた新たな感情が湧いて、それもまた余計パニックになるのかな、なんて思ったんですけれど、そんなことってありますかね？

鈴木　そうですね。できない自分というのは？

山口　パニックを起こしている自分に気付くことで、またパニックになるというか。

鈴木　それあります。自分の脳が情報処理的に破局しているとわかって、正常な脳の情報処理を取り戻そうとすればするほど、破局が深まる。むしろ、立て直そうとしなくて良いなら、苦しさは随分減るのですが、そうもいかないことのほうが多いですからね。

山口　立て直そうとせずにじっとしているほうがいい……。それが大事なんですね！

鈴木　実際、破局している時に一番助かるのは、そのまま何も考えず、身体を横にして、入る情報を制限するか、妻に背中を撫でてもらって「不安という情報処理」を減らしたり、不安や焦りから注意を肌感覚に転導することでした。

山口　それって、支援者として知っておくべきことですね！

言葉が出てこない

山口　パニック以外にこれがすごかったというのは？

鈴木　そうですね。やはり入院中から非常にきつかった、言葉が出ない、うまく話せないことの不自由感ですかね。日常生活を取り巻く不自由の中では出方としてはそれが一番大きかった感じがしますね。

山口 鈴木さんの場合は、左半側空間無視ということは、多分右の頭頂葉あたりでしょうかね。そこって感覚を統合するところなので、だからいろいろ先ほどおっしゃったような症状が出たんだろうなと思っているのですが。右側の脳だと言葉が話せないことをリハスタッフがあまり理解してくれなかったということがあり得るんじゃないかと思いますが。

鈴木 がんばって訴えましたが、あまり理解はしてもらえませんでした。

山口 やっぱり。

鈴木 言葉に関しては、ろれつ障害と小さな掠れ声しか出ない嗄声の症状はあったんですけれど、言葉が出てこないということに関しては、回復期のＳＴさんは、鈴木さん上手にお話しできています。鈴木さん、話しづらいというふうに上手に表現できていますと言われて。

山口 「できてるじゃない」って。

鈴木 言葉が出ないことについて[注6]はとても心を閉ざしました。自分の中の子どもの頃から培ってきた言葉の辞書と、こういうシチュエーションでこういう言葉をしゃべろうとか、この表現にはこの言葉だというような、自分の中の索引と辞書のページが壊れてしまったという

［注6］右半球損傷患者が迂回表現をするのは、語を想起できないからではなく、概念を形成できずにその周辺をさまよっているため（Myers, 1999）と考えられている。

実感なんです。今まで話そうと思うとすぐにそのページが開いたんだけれども、病気になった瞬間、その辞書のページが全部バラバラになって、体育館のような広いところにバーッと散らばってしまったような印象。なので、このことをしゃべりたいなと思っても、言葉を探すのにものすごい時間がかかるわけですね。ものすごく遠回りしてその言葉を探して出す。なので、まず言葉がなかなか出てこない。

山口　右側の脳って範疇化、カテゴライズする機能があるといわれています。例えば、ミカンを見た時にこれはミカンだと、まだ言語にならないけれど、こういうものであるという概念は右側にあるんですよね。それを脳梁を通して、左側に渡して、ここ（左脳）にミカンという音韻があるので、それを口に出してしゃべるという仕組みになっていると思うんですね。だから鈴木さんの場合は、言いたいことはあるけれど、どちらかというと、自分が見たイメージをうまくカテゴライズできず、それを言語化するところがなかなかつながらない、そういうことがあったのかと思いますが。

鈴木　相手に伝えたい内容に適切な言葉が病前ならスッと出て来たのに、それがなかなか出て来なくて、頭の中を探し回ってようやく出てくる感じなんです。探し回っている間に何を伝えたいのか忘れてしまうこともあるし、ようやく出てきた言葉を口にしてみても、何か相手に伝わっていない気がして、何度も似た言葉で言い直したり、同じ言葉を繰り返したり、どもったりして、もう会話にならないんですね。

山口　なるほどね。

鈴木　もともと思考のスピードそのものはすごい落ちていることもあるのですが、ミカンを見てミカンって名称が出て来ないわけではないんです。ミカンを相手に勧める時に、いろいろな言い方があるじゃないですか。その時の相手のタイプ、相手が目上の方なのか、男性なのか女性なのか、子どもなのかによっても言い方が違いますよね。山口先生に「ミカン食べなよ」って言ったら変じゃないですか。なんだけど、「ミカンいかがですか」、「ミカンどうですか」、いろいろな言い回しがある中の一番適切な解が出てこないんですね。

山口　それすごく勉強になります。なるほどね。

鈴木　そんな感じ。でもそれはずっと続きましたよね。

山口　右側は非言語的なコミュニケーションをやっているといわれているので、プロソディ[注7]っていう、例えば「みかん食べるぅ?」とか、なんていうかな。

鈴木　それ、壊滅的に駄目になりました。「ええ」という二文字の言葉のバリエーションが一個になっちゃいました。

［注7］プロソディとは発話のメロディーやリズムのことである。プロソディによって、話し言葉の情動的な意味や統語的・語彙的意味が理解しやすくなる。（Myers, 1999）右側頭頂葉病巣を有し、失語を呈していない患者では、失語を呈する左半球損傷群と比較しても、話し言葉の情緒的要素の把握が著しく障害される（Heilman et al., 1975）とされている。

山口　「ええ?!」っていうのと「ええ……」とか。

鈴木　そうです。「ええ!」、「ええ。」、「ええー?」などいろいろあるじゃないですか。肯定、疑問、驚き、呆れ、たった二文字でも抑揚や発声の強さなどによって伝える意味がたくさんあるはずなのに、そういうのが全滅して、全部それが出せなくなってしまいました。

山口　それは教科書通りですね。

鈴木　そうなんですね。言葉に強弱やリズムを取ることもできなくなって、ずっと平坦で小さなかすれ声で棒読みのような話し方しかできなくなってしまったんです。でもそれ、とてもとてもつらいことでした。

山口　きっと話すということでも、先ほどおっしゃった相手に合わせて言葉を選ぶとか、状況に合わせて言葉を選ぶということをとてもきちっとされていた方なので、余計にそこができない感じが浮き彫りになられたんじゃないかしら。

鈴木　やはり言葉の仕事をしてきましたからね。仕事柄もあって、言葉に表情をつけることや、言葉にのっかっている表情を読むことを大事にしていたからだと思います。言葉が出て来ない不自由に、自分の気持ちがきちんと伝わらないって焦りも加わったことで、話しづらさが倍加したかもしれません。言葉がモノクロームになってしまったような感じです。温度がない言葉というか。語尾を濁すとか、あ、今僕ちょっと考え込むポーズ取りましたけど、こういう感情に連動したポーズを取ることも、本当に難しかったんです。回復するまでに三年かかりましたし、それは致命的に感じました。

山口　少し前の方（前頭葉）の機能にも影響が及んだんですね。言語だけでなく、言葉以外のコミュニケーションもうまく表出できず、危機感というか、致命的にお感じになっていたんですね。

鈴木　そうですね。自分の意思が伝わらなくなることは、危機感というレベルを超えて、かなり致命的なダメージに感じました。仕事が継続できないかもっていう不安もあるし、例えば変なたとえ話で、人に言いがかりをつけられたり、しつこい誘いを断らなければならなかったり、警察に冤罪でつかまったりしたとしても、今の自分は何も切り抜けられないだろうなっていう、恐怖感や不安感がありました。病前の僕はコミュニケーション強者で、そのコミュニケーション力が低い状態でどうやって自分を守って生きていけばいいのかを知らなかったからだと思います。

山口　右脳のことって意外と知られてなくて、リハ職の方もあまり理解されてなくて、先ほど非言語的なコミュニケーションを右脳がやっていると言いましたけれど、そういうジェスチャーや、今、目線をちゃんと向けてくださっているけれど、表情なども実は右側の脳がやっています。だから右脳にダメージがある方は、無表情で無愛想だと言われたりしやすいと思うけれど、それは症状としてあるので、そこをどのように支援するかということが実は大事なことだと思うんですけれど。

鈴木　無表情で無愛想で、しゃべれないと言っているくせにものすごい早口になっている。

山口　一方的にしゃべる方が多い……。

鈴木　そう。それはあとで話しますけれど。早口なのはそれなりに理由があって、まず必要以上に感情が大きく出ているので、言葉のアクセルが踏み込まれてしまう感じ。あと相手に言葉を挟まれると真っ白になってしまうとか、早く話し終えないと自分が何を言いたかったのかを話しているうちに忘れてしまうぐらいワーキングメモリが低いとか。諸々合わさって一方的な早口になってしまうんですが、最大の理由は自分の伝えたいことが相手にきちんと伝わってないんじゃないかっていう焦りだと思います。

不格好なジェスチャー

鈴木　あとはあれですね、話していると、勝手に手が動いちゃう。

山口　手が動いちゃう？

鈴木　そうなんです。言葉に感情を乗っけられない分、自然に体が動いちゃう。相手に伝わってないと思えば思うほど、無駄に体が動くんです。異様だと思っても止められませんでした。

山口　脳が「手で表現しなくちゃ」みたいなモードになっていたんですかね。

鈴木　多分、多動の子どもが意見を言う時に、どうしても立っちゃうのと一緒だと思います。伝えたい感情を言語で表現できないと、行動のほうにあふれちゃう感じですね。ただそれは僕にとっては、すごくつらい症状でした。外人さんみたいにちゃんと洗練された意味のあるジェスチャーではなくて、盆踊りみたいですからね。よそからみたら異様に見えるってわかっているけど、止められないので。

山口　それもすごく大事なことですね。多動のお子さんって話す時に勢いつけるような感じで動く子いますよね。けれど、鈴木さんの場合、それがつらかったというところがまたまた大事なところになってきますよね。

鈴木　病前と違う自分を、自力でコントロールできないってところが、中途障害ゆえのつらさだったんだと思います。それがつらいってことは、訴えてもなかなかわかってもらえませんでしたが。

感情のコントロール

山口　感情についてはどうですか？　前に一回嫌な感情が起こるとそれがまるで恋愛感情みたいに消えなくて、とおっしゃったのがすごく印象的だったんですけれども。

鈴木　それもきつかったですね。病前は人に嫌なことをされても、それを思い出して嫌な気分になるなら忘れたほうが健全だって思って、能動的に考えないようにするとか、忘れることができたんです。ところが病後は、一日中その嫌なことをされた記憶が心の片隅にあって、ふとした拍子にその記憶に注意が向くと、「嫌なことをされた瞬間と同じサイズの感情」

がよみがえってきてしまうんです。でも、最大の問題は、この嫌なことをされた時に生まれる感情のサイズが、病前とはまったく変わってしまったということです。

山口 感情を風船に例えると、その風船がものすごく大きな風船になってしまって、今まで扱ったこともない大きさの風船になってしまったんだと前におっしゃっていたと思うんだけど。

鈴木 風船というより、ポンプですね。人間の気持ちを風船、何か出来事があって発生する感情を、この心の風船に感情を吹き込むポンプに例えると、このポンプのサイズが病前とまったく違ってしまったということなんです。病前なら、少し嫌なことを言われたら、その少しの感情のポンプがプシュっと動いて風船が少し膨らむぐらいの印象。ところが病後は、まったく同じ些細な出来事でも、とてつもないサイズの感情ポンプが動いて、一回で心の風船が破裂寸前にまで膨れ上がってしまうんです。

山口 風船が破裂する……。

鈴木 風船が破裂するとは、暴言を吐くとか、暴力を振るうとかです。もちろん、そこであった些細な出来事にそんな感情が不釣り合いなのはわかっているから、本人はパンパンの風船が破裂しないように、必死に耐えるしかない。でも、その巨大な感情が出ることを、自分ではどうしようもないんです。なので、当事者に対して「我慢ができない」、「辛抱が効かなくなった」、「わがままになった」など言われるのは、非常に心外です。めちゃめちゃ我慢している。出来事に対して生まれる感情が、人生で未経験のサイズであることや、そこで風船を破裂させてしまうことが社会的に問題だとわかっているからこそ、ポンプが動く、つまり出来事によって感情が動くたびに、ずっと我慢している状態ですね。

山口　抑えるのに疲れる？　しんどい？

鈴木　しんどいです。苦しいです。ギューッと抑えつけているような感じです。

山口　お話を伺っていると、わかるからよけいつらいというか、自分がどうなっているのか、それもポンプのサイズがめちゃくちゃ大きくなってしまったみたいに気付くんだけど、でもポンプサイズを下げればいいかといってもできない。そういうつらさですかね？

鈴木　そうなんです。本当に、人生で未経験のサイズの感情がとんでもないタイミングで発生してしまうので。

問題行動の後には死にたくなる

鈴木　病前に暴言や暴力に対する抑制が少ない当事者は、やっぱりケアする側も本当に大変でしょう。けれど、当事者自身は、我慢するタイプと暴れるタイプ、どっちが楽なのかな。こんなことを言うのは、多分暴言や暴力を振るってしまっている人もそれなりに苦しいとは思うからなんです。

山口　直後がつらいと思いますね。その時にはボンと出るんだと思いますけれども。

鈴木　自己嫌悪になるでしょうね。

山口　そう。後で自己嫌悪になって。私も患者さんにワーッと言われたことがありますが、その後、お電話いただいて、自分でもあのようにしてしまった自分が許せなくてつらいんだと、ものすごくつらそうなお電話をいただいたことがあります。

鈴木　モノに当たるのはまだいいんです。よく講演会などで話しますけど、洗濯物のワイヤーハンガーが絡まっていて怒りの感情が爆発して、うちの裏の栗畑に向かってワイヤーハンガーをブンブンぶん投げたりとか、ヘッドホンのコードが絡まっているのを戻すのに苛立ちの感情が抑えきれなくてはさみで切ってしまったりとか。それは対モノだからいいんですよ。やってしまった後、自分に呆れながらも少しスッキリしている。けれどもヒトに対して、うまく自分をコントロールできなくて、ひどい態度や物言いをしてしまった後は、全然違います。

山口　扱いきれない怒りがわいてくる。思わずぶつけてしまい、自己嫌悪……。

鈴木　正直死にたくなりますよね。気持ちを発散してスッキリなんかしない。逆にそんな自分は消えてしまいたい、なくしてしまいたいという自罰感情も未経験のサイズで心を一杯にしてしまって。なので、もしかしたら暴言や暴力を振るっちゃう人のほうが、僕のように風船爆発しないように我慢している人よりも、死にたいと思っているのかもしれない。

山口　抑えている時はそれで精一杯というかね。

鈴木　精一杯。そして、自分の中に感情を抑え込んでいる苦しさと死にたいという感情は、全然イコールじゃないです。その抑え込みに失敗して、何かミステイクしてしまった、しかもそれが自分の大事な人を傷つけてしまうことだったりすると、もう死にたいに直結してしまうんですよね。かなり危機的な心理状況だと思います。

暴言・暴力の背景には

山口　今お話ししてくださったことはご家族も知っておかれるといいかなって思うんですよね。多分ぶつけられる側は、それでいっぱいになってしまうので、実はぶつけた本人もすごくつらいんだっていうことまで思いやれなくなってしまうことが多いと思うんです。ぶつけられた側ももちろんつらいんだけど、ぶつけた側のつらさというのがわかると、また少しその後が変わってくるかと思うんですけれど。

鈴木　そうですね。もちろん病前から感情をこぶしに出してしまう人、本当だったら言語でコミュニケーションをとらなければいけないところを暴力的なコミュニケーションや暴言や大声を出しやすい人はいますし、家族に攻撃的な感情をどこまでぶつけてしまうのかは、その当事者の病前のパーソナリティや家族との関係性がベースになるので一概には言えません。ただ、病後に他の当事者のお言葉を聴いて思うのは、当事者が怒りの感情を暴発させてしまう背景に、当事者自身に攻撃を受けたり無理解なことをされたという被害感情が

山口　あって、その暴発は「当事者の防衛反応」じゃないかってことなんです。脳損傷の二次症状として抑うつが知られています。それ以外にも、不安が高まる、人間関係に過敏になる、被害的になるというのもあります。つまり、自分の中の内的な要因と外的な要因、あとは今おっしゃったような病前性格や病前からの人間関係などが絡んで出てくると思うんですけれど、やはり閾値を超えてしまうと出てしまう感じがするんですよね。だからそういう意味では支援者は、暴言、暴力の背景に実は何があるのか。それは氷山モデル（図２）と言うんですけれども、出てくるものは暴言、暴力なんだけど、海の下には……。

鈴木　めっちゃ我慢してる。

山口　そう、そういうことがあるし、何かのスターターというか、きっかけみたいなものなどそれこそいろいろな我慢をしていたものがこれ以上は無理ということでキレてしまう。そのメカニズムをちゃんと見ていかないと支援ができないと思うんです。

鈴木　そうですね……。当事者が我慢を溜

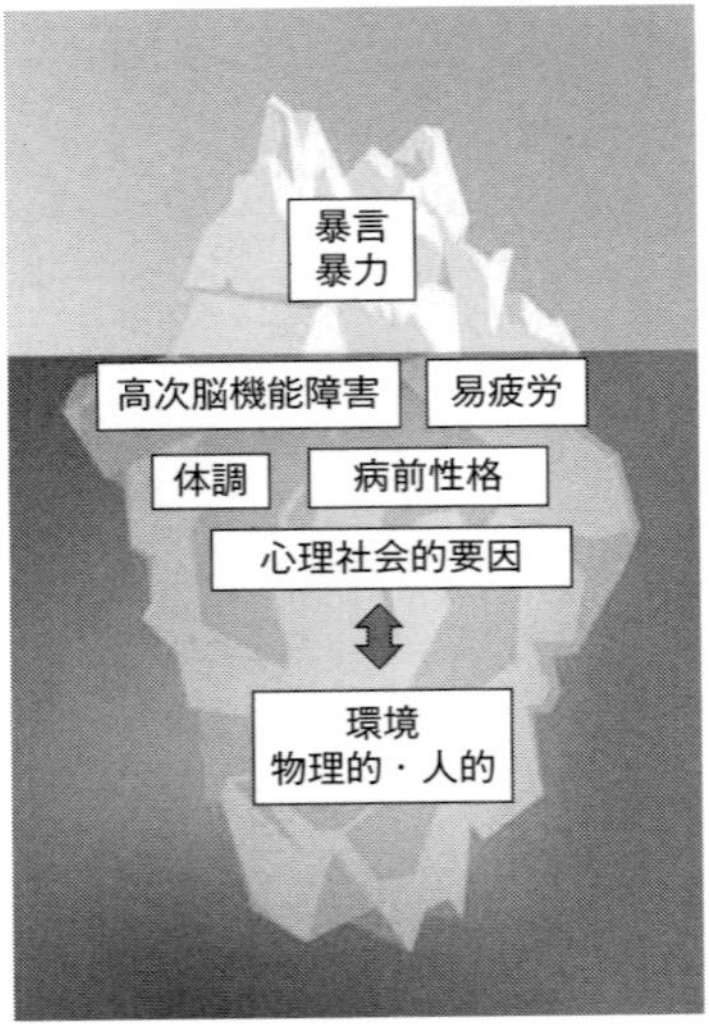

図２　氷山モデル

めてしまいがちな対応や声かけにはいくつか定型のパターンがあるとは思うんですけど、一つ念頭に必ず置いておいてほしいのが、病前のパーソナリティと変わってしまったと言われている人は、確実に苦しいということですね。病前はそんな暴言や暴力を振るわなかった人は、そういうコミュニケーションをしてはいけないという抑制の中で生きていた人ですよね。そうじゃないコミュニケーションを取ってしまったら死にたいとしか思えないです、それは。つらいと思う。

山口　なるほどね。ご本人の中でいけないと思っていたことをやってしまっている。

鈴木　そうです。なので、すごい自罰感情も強くなるでしょうし、むしろ病前聞き取ってみて、実はうちの夫は病前からものすごく暴力を振るうんですという人が暴力を振るっていたら、ケアを優先すべきはご家族でしょう。病前はそうでなかったという場合は、ご家族と共に問題を起こす当事者も、丁寧にケアしてくださることを望みます。

山口　ご本人自身は変わっているっていう自覚がなかったりするかもしれませんが、でもおっしゃられたように病前はむしろ全然違う人だった、ちゃんとコントロールできていた人がそうでなくなった場合のほうがやはりおつらいですよね。

鈴木　つらいと思います。一方で、氷山モデルの下、つまり当事者が我慢を溜めてしまいがちな、当事者にとって加害的な対応や声かけについて、やっぱり心理の先生方にここはわかっておいていただきたいポイントがあります。それが、当事者が許されないとわかっていて許されないコミュニケーション（暴言や暴力）を発してしまう時、先ほど自転車に例えた脳の情報処理、思考や現実感が、すでに倒れていることが多い、つまり当事者がもう破局に陥っているケースが多いのではないかということです。

山口 その時にさらに情報を加えて追い打ちをかけてはいけない！

鈴木 相手のコミュニケーションが矢継ぎ早だったり、早口で当事者の言葉を何度も何度も遮っちゃったりだとか、当事者の言葉を待たずに話し始めちゃったりだとか、答えにくい質問で問い詰めてしまったりとか……。こうした対応って加害性のある情報の嵐なんです。もう、暴発するしかなくなる。

山口 その通りだと思います。だからそこまで追い込まれて、というか。

鈴木 わかりづらいですよね。だって、キレた瞬間に当事者にかけた一言は「大丈夫ですか？」「聞こえてる？　しっかりして」みたいな言葉かもしれません。それに対して「うるさい！　放っておいてくれ！　もう帰る！」みたいに当事者がキレたら、周囲は驚くでしょう。けれど、当事者がキレたのはその最後の言葉ではなく、それまでの何分間かでその人が破局に追いやられているからかもしれないと、常に考えてほしいんです。

山口 それは介護の現場でもそうだし、障害のある方に対してもだと思いますけれど、すごく知っておかなければいけないことですよね。キレた本人が悪いみたいに思うけれど、実は関わる側がキレさせているところがある。

鈴木　そうなんです。ただわかりづらいのは、当事者を破局に追い込むのは相手との言語的なコミュニケーションだけではなくて、例えばそこがうるさいとか、眩しいとか、近くにずっと貧乏ゆすりをしている人がいるとか、あらゆる情報だということです。

山口　気になってしまうと頭から離れなかったりしますものね。

鈴木　そう。視界の中で無意味に動き続けているものとか、アラーム音のように鳴り止んでくれない音などは、ものすごく脳の資源が削られます。当事者としては、特に相手が援助職の場合、あなたたちは援助のプロなのだから、そうした環境による苦しさぐらい配慮できないのか！　っていう別の被害者感情にもつながるんですが。ちょっとここまでくると、理解してくれというにも無理がある気もするし、わがままなんですかね……。

山口　いや、支援者側が、当事者が何で脳の資源が削られるのか、それをわかってもらえないことでどんなお気持ちになるのか……それを、十分理解していなかったと思います。わたしも、肝に銘じます。

表情のコントロール

鈴木　感情・情緒のコントロールとの関連で、急性期から二年間ぐらいきつかったのは表情を自然に制御ができないこと。感情が大きくなったことが原因なのでしょうか、感情がすべて表情に出てしまうんです。けれど困ったのが、うれしいといっても、にっこりじゃないんです。うれしいと上唇がアーッて上がって、歯を剥き出して鼻にしわが寄って、猿が威嚇するような表情になってしまうんです。明らかに異様な変顔だとわかっているのに、制御できないことに、とても不自由な思いをしました。あんまりうれしいと、相手から目を逸らすしかないみたいな。

山口 それは、表情を出すのは右前頭葉でやっているのですけれど、うまくそこを細かくコントロールできなくて、少し過激な表現形になることなんですかね。表情が行き過ぎてしまうというか。

鈴木 なんなんですかね。もともと僕は、相手から見ておかしくないように、表情を抑制しながら生きてきたってことなんでしょうか。ちなみにこの表情のコントロールができないことで困ったことには、人に嘘や隠しごとができなくなったこともあります。もともと病気の前から人に嘘をつくのは、それが自分の心のストレスになるという意味で苦手だったんですが、病後は徹底的に駄目になりました。嘘や隠しごとを言いながら平静を装うという表情のコントロールが効かず、にやけた変顔になってしまったり、それを抑えて変な表情になったりで、やっぱり相手から目を逸らすしかなくなるんです。

山口 嘘って、嘘っぽい言い方をしてはいけないから、嘘らしくなく言わないと嘘とばれてしまうから、きっと、それが難しいんですね。

鈴木 結局この表情のコントロールも、適切な言葉が出て来ないとか、言葉に抑揚や表情がつけられないことも、発症から半年ぐらいは壊滅的な状況で、発症三年以上をかけてようやく病前に近いところに戻れたという感じです。二冊出版した闘病記にはずいぶん強気なことを書いてしまったように思いますが、四年かけて、ようやくこの世に戻ってきた感じ。今思うと、こうした自然なコミュニケーション力が失われることが、想像以上に日常のQOL（quolity of life 人生・生活の質）を損なう要因だったんだと、痛感しています。

心理的急性期

鈴木　拙著読者からの感想を見るに、こうした経験は、高次脳機能障害の当事者の多くに共通するもののようです。そこで提案があるんですが、現状言われている脳外科的な急性期に加えて、脳の情報統合機能が復活し、破局的なパニックの頻度が減り、感情のコントロールが一定まで回復するまでといった「脳の情報処理力的・心理的な急性期」を新たに考えてほしいと思うんです。

山口　すごくいい表現ですね、そうですね。

鈴木　たとえ身体的なＡＤＬ（ability of daily living 日常生活動作）が確保できていても、就労を含めた社会的活動を続けるには、この心理的急性期をきちんとケアする必要があると思うんです。僕も相当苦しみましたが、他の当事者さんのケースを見るに、この時期に失職してしまったり、理解や配慮をもらえずに二次障害的にうつを発症してしまっている方があまりに多い気がするんです。僕の場合は、この心理的急性期は半年ぐらいだったけれど、この期間は当事者さんによって、またその周辺の環境によって変わってくる気がします。

山口　脳卒中後にうつを発症する率ってご存知でしょうか？　実はとても高くて約半数の方がうつを発症すると言われていて、その発症時期は受傷から一年以内が三〇～四〇％なんですね。うつだけでなく、不安とか過敏性、他者への不信、絶望感、無気力、怒り、恐怖心、社会的引きこもり等の二次症状が出現する（Prigatano, 1986）人が脳損傷の方の約半数とも言われています。また、高次脳機能障害に対する否認、混乱、欲求不満も生じて当然です。ですが、心理的急性期に対する対応、ご本人の心理状態を理解した上で、現状を理解し、受け入れていくような支援が十分なされていないのが日本の現状だと思います。私は回復期のリハビリテーションを受けた方に対応することが多かったのですが、「もっと早く心理のリハビリを受けたかった」「俺に必要だったのは体のリハビリじゃなくて心理のリハビリだったんだ」と言われたことがあります。

鈴木　その方たちのお気持ち、痛いほどわかります。僕の場合、この半年というのは、毎日一度は破局的なパニックがあるという非常に苦しい状況だったと思います。退院して二週間ぐらいまでは、もう一日中何があっても涙が出る準備ができている感じ。ちょっと夕日が綺麗とか、歩いていて空が綺麗とか、ラジオで流れたメロディが美しいとかだけでも号泣しちゃう。それも、泣く寸前の子どもみたいに涙がギュッて、喉元まで嗚咽が上がってきたままの状態。

山口　ものすごく感情が柔らかくなってしまったような。

鈴木　柔らかいというより、常時心の中が何かの感情でパンパンになっているような感じでした。なので、号泣とか激怒といった反応が、徐々にではなく瞬時に出てしまう。例えば普通泣ける映画って、見ているうちに感情が高まってきて、ラストのほうではどのセリフでも泣ける状態になるじゃないですか。あの状態がオープニングからあるような状態です。

山口　始まった途端に。

鈴木　そうなんです。なので映画鑑賞すら大変でした。見たことがある映画だと、ものすごい序盤のどうでもいいシーンでも号泣が始まっちゃって。すごい妻が喜んで僕を見ていましたけれど。

山口　おもしろがってらした？

鈴木　タイマーを見て、何分で泣くかって。

山口　素敵な奥様ですね。

鈴木　ちょっとひどいですよね（笑）。

急性期を脱した後

鈴木　それで、そのパンパン状態がずっと続いているという急性期が……。

山口　半年?

鈴木　当然パンパンのレベルは徐々に下がっていくのですが、二四時間苦しさを伴うぐらいパンパンで、日常生活の中で座り込むようなパニックも一日に一回あるような状況が回復するまでに半年ぐらいです。

山口　その半年でそのパンパンが少しパンパンでなくなってきたのは、実際に例えば嬉しくて破顔になる、変な顔をしてしまうなど、そういうのが段々なくなってきて、少し急性期を脱したなという感じですかね。表情のバリエーションが出たり、微妙な表情ができるようになったりして。

鈴木　表情のバリエーションが戻るのはもっともっと先の話ですね。

山口　もっとかかった?

鈴木　そうですね。順番的には……。毎日一度は号泣するというのが、退院後二週間程度（発症から二カ月）、入眠した後に過換気を起こして、寝てから三〇分ぐらいで過換気を起こしてしまうっていうのが発症から一〇〇日ぐらい。パニックの頻度は日常生活の中でどうやったらパニックにならないかを覚えていくことと、外出の頻度が上がっていろいろな場面に遭遇することの天秤で増えたり減ったりというのが本当のところですが、ひとまず数日に一度はパニックという状態を脱するまでに一八〇日ぐらいなんです。

山口　ものすごく時間がかかるんですね。少しずつ元に戻っていくというか、少しずつ……症状

鈴木　といっていいかどうかわからないけれど、そういうものが緩和されていく感じですかね。

山口　そうですね。本当にじわじわとしか緩和されないし、時間がかかる。その後も会話の中で相槌が入れられるまでで一年、ツッコミを入れるとか笑いを取るとかになると、もう三年ぐらいで、表情も伴った自然なコミュニケーションとなると、四年という流れで、ようやく今に至ります。今でも疲れや天候などで逆もどりしますが。ただ、当事者さん、リハ職さんのお話を聞くとすごく早いとは言われますけどね。同じようなレベルの当事者の方だともっと時間がかかるというふうにも言われます。

鈴木　私も鈴木さんの回復は早いと思います。ただ、高次脳機能障害の症状の出方や重さって本当にお一人お一人違うし、また、支えてもらえる環境にいるか、あるいは無理して隠して生活しないといけないとか、その方のおいでになる環境によっても違うと思います。

山口　確かに高次脳機能障害で「同程度」って判断そのものが難しいですし、定量化できるものではないですが、支えてもらえる環境にいるか、自身の苦しさを自分の中に押し込めてしまっていないかどうかが、この心理的急性期の長さに大きく影響しているなというのが、当事者さんと接して強く思うことです。

鈴木　その通りだと思います。そもそもこんなに自分の表情の変化について、客観的に語れる人は少ないと思います。

山口　表情のコントロールは結構みんな言いますよ。おかしくなっちゃったって。

山口　いやいや。

鈴木　そうですか？

山口　表情がおかしくなったっておっしゃる方にあまり行き会ったことないですよ。

鈴木　講演会などで、実際にうれしいとこんな変顔になるんですよって話をした後に、当事者さんが、「鈴木さん僕も！」みたいな人がいたりしますけれど。言われたからなのかな。

山口　言われたというのは、多分鈴木さんの講演を聞きに行って理解できるぐらいの方と、高次脳機能障害というともっと重い方もいらっしゃるし、聞いても理解できない方もいるし、自分の変化にも気付けない方もいらっしゃるので、多分鈴木さんの話を聞いて僕もという方は比較的近い症状の方だったりしますかね。

鈴木　当事者会に入っていらっしゃる方とかも多いですしね。

山口　だからある意味、ご自分のことを知ろうというお気持ちもおありになるでしょうし、ご自分の症状を理解されている方だからかなという気もします。

鈴木　それはみんな苦しいとは思っていないのかな、表情が変だというのは。

山口　気付いていない方もいらっしゃると思います。

鈴木　なるほど。じゃあどんどん外在化したいですね。

山口　だから鈴木さんがこのように語ってくださるのはすごく大事だと思う。

鈴木　外在化して、自分も同じ症状かもしれないというふうにいうと、そこがメタ視点や自己理解の入り口になりますもんね。

山口　当事者の方が「自分も同じ」と思えるとホッとするところがおありになると思います。「なんで自分だけこんな状態」と思っていらっしゃる方も多いと思うので、「自分だけではなかったんだ」ということで一つ安心される。あともう一つ、今、鈴木さんが「半年や一年半」とおっしゃいましたけれど、そういうスパンで症状が緩和してくることもお伝えくださっているので、それものすごい励みになると思いますよ。

鈴木　毎年、毎年思っていました。去年のこの季節は地獄だった、去年は地獄だったって。でも、ようやく来年は、同じようには思わないでしょう。去年もつらかったけども地獄というほどでもなかったなーって、ようやく溜息がつけると思うんです。そう考えるとやっぱり四年かかってようやくこの世に戻って来れたというのが、実感なんです。

山口　そういうことを伝えてくださることが当事者の方にしてみるとすごく支えになると思いますよ。

感情のフラッシュバック

山口　感情のキャンセルの話が私はすごく大事だと思っています。

鈴木　嫌なことを言われたりとか、嫌なことをされた後に、通常の人はそれを思い返してみて、あの人嫌いだなと思うけど、もうそんなに怒ってないと思うんです。ところが病後の僕は、思い出した瞬間、嫌なことをやられた時と同じサイズで怒りが出てきてしまうんですね。フラッシュバックとはこういうものだと初めて経験しましたが、こんなにも苦しいものだとは思わなくて、戸惑いました。嫌いだなではなくて、まだ怒ってる。ずっと怒れてしまう状態。

山口　その時の感情が同じ状況でまた出てしまう。

鈴木　はい。その人のことを考え出すと他のことは考えられない。嫌なことをされた時の感情がそのまま出てしまって、そのままそのことをずっと思い返している。なんとか他の情報が入ってきて日常生活を送っていても、頭の片隅にずっとその嫌な経験があるんですよね。

山口　それってものすごく不快ですよね。

鈴木　不快だし、それがこんなにも毎日のＱＯＬを下げるとは、想像もしてみませんでした。せっかく心地よい天気の日に綺麗な景色の中を歩いていても、おいしいものを食べていても、常にその不快の塊が頭に残っているので。

山口　それって損といったら変だけど、人生損をさせられているような感じですよね。

鈴木　その通りです。幸せが損なわれる感覚。加えて、ずっとマイナスのことに感情が削られているような状態って疲れますし、正常な思考の邪魔になって頭の中がまとまらないんです。そして、それを思い起こした時にすごく苦しい。あの苦しさはやはり。湧き上がってくる怒りに対して、その場で暴れたりとかしないように抑制する苦しさですね、多分。

山口　でも両方なんじゃないですか？　抑制する苦しさもあるし、その感情が出てしまうことでまた苦しいというのと、そこはダブルなんじゃないですかね？

鈴木　人って怒ることで苦しいのかな。

山口　その感情が起こってしまうというのもすごく不快な感情になると思うから。

鈴木　不快……。

山口　だからその不快さと、でも切り替えようとしたり、抑制しようとしたり、それも乗っかってしまうからまたアップアップになるというか、苦しいのかと思ったんですけれども。

鈴木　ああ、それですね。まず不快な感情がある状況って口の中にものすごく熱いものとか不味いものを含んでいる苦しさに似ていて、それを吐き出せないことがまずつらい。さらに、その熱さや不味さを感じつつ、吐き出さないようにしたり他の作業に集中しようとしても無理で、それが余計に苦しい。そんな感じです。病後、すごく反省したんです。病前の僕は、いつも不機嫌な顔をしている人や朝からムスっとしている人って、わがままで自分勝手で、楽そうだなと思ってたんですね。自分の好きなように態度をとって、相手の気持ちも考えずに生きてたらそいつ楽だろうなと思ったんだけど、そういう人って実はすごい苦しい思いをしてる人かもしれない。不機嫌な人は苦しい人なんて、考えたこともなかったって、反省しています。

山口　お話を伺っていて今思いましたけれど、鈴木さんはすごく自分を律してらした方なんですね。だからそういう方に関して、なんだっていうお気持ちがおありだったんだけど。多分、普通以上にご自分はこうありたい、こうあろうと思ってらしたのかなって。だからそうじゃなく不機嫌な顔をしている方に対して、あいつ楽だなと思ってらしたんだと思いますけれど、今度自分がそういう不機嫌な状況になってしまったわけでしょ？

鈴木　もともとのパーソナリティが抑制的でなかったらもう少し苦しまずに済んだのかな……。

山口　ということに今日、私は気付いたというか、それを教えていただきました。

鈴木　たしかに、マイナスの感情を爆発させてはいけないって抑制し続けてたら、身体症状としてヒステリー球、喉元に卵がずっと詰まっているような症状が出てしまったんですが、あれはまさに抑うつ症状ですよね。

山口　これじゃあいけないというお気持ちがおありだったんじゃない？　こんな自分ではいけないというお気持ちが、すごく自分を制するというか、自分を抑圧していたというか、そういう気が。心理くさい物言いで申し訳ないのですが、今日のお話を伺ってそう思いました。

少年期について――性格・人格の先鋭化

鈴木　少し対談から離れますけど、僕、子どもの頃から首より上に刺激を加えられるとものすごく感情が爆発してしまう子だったんです。だから友達が冗談で頭をはたいたりすると、小学生の頃はそれで殴り返しちゃうようなところがあって、それをやると友達の集団から排除されちゃうじゃないですか。だからいつもすごく我慢していたんです。自分にそういう衝動があることを。

鈴木　鈴木さんはそういう自分に気付いていていたし、そういう経験もあったからでしょうけれど、自分を御すというところにすごくエネルギーを使ってらした方なんでしょうね、きっとね。

山口　かもしれない。高次脳機能障害には、もともと本人にあった特性が先鋭化する傾向があるように感じます。僕の場合、もともと激しやすい性格を持っていたのが、もっともっと大きくなったし、もともと抑制していた部分も過度に抑制的になったのかもしれない。

鈴木　そのように考えると、非常に神経心理学的にはぴったりですね。性格の先鋭化というのが出ていたというように解釈すると。

山口　非常に腑に落ちますね。

鈴木　私もすごく勉強になりました。

山口　となると問題はやっぱり、沸き上がった感情や気分を自力で転換できない苦しさです。感謝とか嬉しいといったプラスの感情はまだ垂れ流しでいいけど、怒りや不快の感情はそのまま出せないから、抑制するか他の感情に転換させないといけないのに、その転換自体が難しくなってしまったこと。

鈴木　それを以前「注意の転換障害との合わせ技」とおっしゃったので、なるほどと思ったんですね。感情そのものがすごく大きくなっているし、でも同時に注意を切り替えればいいじゃ

鈴木　ない、感情を切り替えればいいじゃないと言われても、そこができないから結局切り替えられないということなんですよね。これもすごく、鈴木さんはメカニズムをとても上手に話してくださったなと思いました。

凝視したものから視線を離せない感覚[注8]と、心の中で凝視してしまった感情から注意を引きはがせない感覚は、とても似ているんです。視線や思考を接着剤でくっつけられてしまったような、やはり病前には経験したことのない異様な不自由感でした。

山口　そこから目を逸らすことができないということなんですね？

鈴木　そうです。あ、でも考えてみたら、そこについては、ベースのパーソナリティは先鋭化しなかったってことになりますね……。僕、もともとはすごい気持ちの切り替えが速い人間なので。

山口　それはやっぱり注意障害絡みじゃないですか？

鈴木　なんですかね。正直戸惑いました。普通、一晩寝たら忘れるとよく言われますが、病前の僕は寝なくても嫌なことは忘れられたんです。考えないように、思い出さないようにしようって決めて、他のことに集中するだけで大概のことは忘れることができたのに。

山口　いい性格でしたね。それが本当に変わってしまったことでびっくりだったんですね。

鈴木　今はその気分の切り替えの機能がずいぶん戻ったので、本当に楽になりました。機能が戻ってみると、これもまたすごくＱＯＬを損なうことだと気付くんですが、注意障害って四文字の障害が起こす苦しみの中に「気分転換ができない」なんてことがあるとは、やっぱり想定外だったように思います。

山口　注意の切り替え困難が気分の切り替え困難につながり、それが生活の質を奪うということですね。

突然の出来事での驚き&思考停止

山口　感情そのものが非常に大きくなってしまったということと、それが自分では流せないという苦しさがあって、それがものすごく苦しいというお話を伺えました。ここでは感情とは別に、混乱とか、思考停止になってしまうこともあるとおっしゃってたんですけど、突然の出来事が苦手とのことでした。そこについて伺ってもよろしいですか?

鈴木　突然や突発は、何もかもが駄目です。当初は、日常的に目を覚まして起きているだけでも、外を歩いているだけでも脳の情報処理が精一杯の状態で、その限られた能力の中で、日々の思考や作業をなんとかこなしているという状況ですから。大きな音、飛び出して来る子ども、強い光とか、もうあらゆる突然の情報で、現在進行形の頭の中の思考が全部一回グシャッと崩れてしまう感じですね。身体症状としては、すごく本当にびっくりした状態。

[注8]　過剰な凝視は、前頭葉が後頭葉の不適当なあるいは不必要な活動を抑制する機能をもっており、前頭葉の活動低下によって生じる（船山他、二〇〇九）と考えられている。

何かにヒャっ！　って驚いた時の横隔膜がキュッと上がった状態が、ずっと継続してしまう。一回上がると、本当はびっくりして大丈夫だったとなると横隔膜が下がるじゃないですか。それが上がりっぱなしの状態なんです。

山口　ほどけないんですね。

鈴木　ほどけないです。そういう状態が身体的にはずっと続いていてとても苦しい。頭の中は、今ここから何をすればいいかわからない状態。何をしていたのかわからないし、何をしようとしていたのかもわからないし、これからどうすればいいのかわからない。この三本セットという感じですね。

山口　混乱状態という感じですか？

鈴木　混乱です。取り入れる情報をきちんと処理できないので、かけられている言葉の意味がわからなくなったり、目に入る文字の意味まで入らなくなる。例えば何とか頑張って情報過多な駅の中を歩いていて、突然すごく大きな音でアナウンスが流れたりすると、いま自分が何番線に行こうとしているのか、そもそも何駅に向かおうとしているのかもわからなくなる。何とか目的地はわかったとしても、電光板に表示される文字の意味が入ってこない。文字が流れる表示なんかだと絶望的で、何が書いてあるのかまったく読み取れなくなってしまうんです。

山口　頭の中がぐちゃぐちゃのままなので、外界の刺激が一切解読不能になるという感じなんですね。

鈴木　しかも選択的な注意も一層できなくなるので、平素以上に無視しても良い情報が全部脳に入ってくる。

山口　入ってはきちゃうんだ！　だけど処理できない。

鈴木　地獄ですね。これもまさに、自閉症の子どものパニックの状態に似ていると思います。

山口　なるほどね。耳をふさいで、しゃがみ込んでしまうということなんですね。

鈴木　はい。これが、破局的なパニックに至る突然・突発。そもそも脳の情報処理が外部から自動的に入る情報でいっぱいいっぱいの時に、処理能力を超えた大きな情報が入るタイプのものです。でも、それだけじゃないんです。

「こんにちは」のプレッシャー

鈴木　例えばジョギングしている時、道の向こうに人が現れると、すれ違う人との挨拶すらできない。どう言えばいいのか、目を合わせたらどんな表情をすればいいのか、突然相手が現れてからすれ違うまでの時間で、混乱する思考の中で適切な対応を選ぶことができなくて。

山口　頭の中では言葉でものすごく考えているわけですね。

鈴木　脳内は全速力でグルグル思考中です。でも、別に難しかったら無視してもいいわけですよね。突然の事態に、咄嗟にその判断ができない。だから散歩中に地域の人とすれ違うのが本当に怖かったですね。地域の人だと挨拶しないわけにはいかないし、「おはよう」だけではなくて、そこから話しかけられたらどうしようどうしようというのがあるので。

山口　私自身も同じような方に対応したことがあります。その方の奥様が、ご近所の方に失礼だから挨拶をちゃんとしろっておっしゃるわけですよ。でもご主人はうまくできないと思っているから、結局家から出なくなってしまったという方がいらっしゃいました。突然の出来事に即座に的確に対応することや、臨機応変な対応をすることが難しくなったということですよね。

鈴木　それは高次脳機能障害の当事者にとって、普遍的にキツいかもしれませんね。ご近所の挨拶って、実は本当に複雑なんですよ。挨拶は返さなければ失礼だし、その後続く雑談から逃げ出すコミュニケーションなんて、とてつもない難題。僕も病後しばらくはご近所の高齢者に捕まって、予定があるのに何十分も続く雑談を切り上げられなくて、つらい思いを何度もしました。表情をきちんとつくれないこともすごく大きなプレッシャーで、ニコッとか、「こんにちは」というのもプロソディが非常に必要なコミュニケーションで……。

山口　「こんにちは」でも状況とその人との関係や、その前のことなどいろいろなことを含めて。この人なら、これぐらいの程度の、といったことですね。親しさ加減で「こんにちは！」と言うか、さらっと「こんにちは」と言うか、そこの判断もきっと戸惑っていらしたということか。

鈴木　そうなんです、関係性によって挨拶や表情のバリエーションはたくさんあるのに、咄嗟に最適の対応が出て来ないんです。

山口　その加減を判断するのがすごく難しくて、できたら会いたくない？

鈴木　そうです。本音を言えば、突然というシチュエーションでは、妻以外、家族にも親しい友人にすら、会いたくなかったです。

山口　そういうことだったんですね。

電話という暴力的突発コミュニケーション

鈴木　あと、何よりきつかったのは、突然携帯にかかってくる電話です。今でもほとんど出ないんですけど。かかってきた電話による会話が困難な理由は、とても複雑です。まず突然の着信に対する驚きで思考が混乱する、駅ホームの大音量アナウンスに近いパニックがある。あと、電話による通話って対面の会話より言葉のキャッチボールが難しいんです。うまく適切な返答ができないと一方的に話されて、こちらの意図を伝えられないままに切られてしまいかねない。焦りながら必死に返答を考えていると相手の言っていることがうまく頭に入って来なくなってしまう。自分でしゃべっている間に相手が何を言ったか忘れてしまうワーキングメモリ[注9]的な問題も、一般の対面の会話よりもはるかに起きやすい。本音を言えば、電話の前に何を話したいのか事前にメールして、心の準備の時間をくれよ！　と言いたいぐらいです。

山口　突然ということで注意を切り替える必要があるということもあるのかしら？　ちゃんと話せてないという思いもあったこともその一因だったのかな……。

鈴木　さらに、駄目押しに、電話って片手がふさがりますよね。あれも実は、すごい思考をもってかれるんです。

山口　電話機を耳に当ててるだけで、もってかれる？

鈴木　そう。手に物を持って、落とさずにしているというのも、脳の思考の資源をすごく使う。両手がふさがっている時もそうだったんですよね。心理的急性期の頃、買いものぶくろを両手に持って、ポストの前とかドアの前でパニックになることが多かったんです。当初は両手がふさがっている時にパニックになるのは、それを置いて作業をする段取りができない、遂行機能障害的な理由からかと思ったんです。でも、そうではないみたい。

山口　違うんですね。脳のエネルギーをもってかれてるんだ。

鈴木　もってかれてる。手に持ったものを落とさずに持っている。これも持続的な注意機能と同じで、ずっと。

山口　脳に司令がいっているわけですよね。落とすなって。

鈴木　そうなんです。縁まで水が入ったコップをお盆に載せて歩いてる時に、横から難しい暗算の課題だされたら嫌ですよね。脳の情報処理機能が低下している人間にとっては、ただ物を持っているだけでもその状態という感じなんです。

山口　それはまたすごく貴重な気付きですよね。それはすごく勉強になりました。多分、今の話は知らない人のほうが多いと思う。手で持っているだけでも実は脳のエネルギーが結構削がれてしまうから、情報処理に負荷がかかっている。聞いて、聞いたことを理解して、それに見合ったことを考えるってすごくややこしい操作じゃないですか。それが難しいことは非常によくわかる。でも物を持ってるということが加わるだけでも実は結構きつくなるということは、今日、教えていただきました。

鈴木　さらになんですが、突然の電話がきついのはその時にしている作業や思考を中断させられることなんです。これは非常に感情を乱されることで、症状としては、一つのことにこだわってしまうことだと思うんですが。

山口　固着?

鈴木　固着でいいんですか?　一つのことにこだわりが強くなるとよく言われますよね。それと一緒の機序だと思うんですが。

山口　多分、今やっていたことにずっと注意を向けているのに、それを切り替えるのはものすご

［注9］ワーキングメモリとは、短い時間、視覚、もしくは聴覚的情報を保持して、作業する能力のこと。作業記憶とも言う。例えば、電話帳を見て電話番号を覚えて、プッシュボタンを押す際に直前に見た電話番号を頭に思い浮かべ作業する。覚えておく際、思い出す際にワーキングメモリが稼働する。

く大変で、電話が鳴ったから切り替えなければいけない。注意をこっちに「どっこいしょ」って切り替えるのが大変だったんじゃないですか？

鈴木 そう、まずどっこいしょするのもすごく大変なのもありあます。注意がへばりついているのを無理やり引きはがす感じですからね。けどそれだけじゃなく、一回中断すると、もうそれまでやっていた作業や思考に戻れない感じなんです。これは病後に仕事に復帰していく中ですごく苦労した部分で、電話だけじゃなく、作業の途中で突然に指示が変わるとか、突発的な仕様の変更とか、突然の予定変更があると、やっぱりものすごく混乱しました。それは、予定通り進めてきた作業が壊れてしまってもう戻れない感じがあるからです。

山口 注意の切り替え困難と変化への順応困難という感じでしょうか。自閉症の方の変化抵抗にもつながる気がします。

鈴木 多分ワーキングメモリの低さもベースだと思うんですね。せっかく継続していた作業の内容や段取りを、何か別のことを間に挟むことによって忘れてしまって、戻れなくなってしまう。だからやっている作業は中断したくない。やめた先に同じところに戻れる自信がないから、そこに固執してしまう。

山口 その時に自信のないところまで自覚されていました？

鈴木 いいえ、当初はただひたすら腹が立つ！ という感じです。パニックはパニックですが、相手がいるものなので、まず対人の苛立ちの感情のほうが強かったと思います。腹が立つ理由に自分の記憶をベースにした不安感があるとわかってきたのは、どちらかというと仕事量がどんどん戻ってきてからです。いくつかの作業を順番に進めた時に、少し前に自分自身がやったはずの作業を覚えていなくて、結局二度手間になるようなシーンが増えたんです。予定の変更を言われて他の作業なんか組み込むと、元の作業に戻った時の徒労感がすごくて……。

山口　それは複数情報の同時処理やワーキングメモリが必要だったりということですか？

鈴木　ワーキングメモリでしょうね。そもそも、作業の計画とか予定を頭の中だけで構築するってことが、ものすごく苦手になってしまって。頭の中の黒板にいくつかの予定を書いたら、書いた文字がどんどん消えていってしまう感じ。なので、電話口で口頭で予定変更を伝えられて「いつ仕上がりますか」なんて聞かれたら、もう携帯電話をベランダから投げたくなるような気分になってしまいます。

山口　それはそうですね。そうだと思います。あとは先ほどおっしゃっていただいたように、相手への感情もあるから余計に処理が難しかったということですね。

鈴木　そうですね。ただこの予定や仕様変更に対応できないっていうのは、高次脳機能障害の当事者が仕事に戻るにあたって、かなり大きなハードルになっているようです。僕もいまだったら一つの作業が完遂するまで他の作業はできませんって取引先に言えますが、それは個人事業主だからであって、会社勤めだったら正直アウトだったと思います。

山口　自分に起こっていることを客観的に理解できること、そしてそれを職場に伝え理解してもらえることができないと会社勤めは難しいです。その二つのハードルが高いんですよね。

ワーキングメモリの問題

山口　切り替えが困難な背景にあるものとしては、注意の容量の低下といいますけれど、もっていた注意の全体量が減っているので、何かやるのにそこに少なくなった注意を向けざるを得ない。その向けざるを得ない状況で必死にやっている時に、違うところに向けるのはものすごく大変で、かつ、こちらから戻る時はさっき何していたかって、ワーキングメモリが求められる。ワーキングメモリと注意はコインの表裏なんですよ。脳の部位も同じところでやっているし、だから注意に余力があれば覚えてもおける。でも注意に余力がないから覚えてもおけない。ということで、多分それを切り替えるのがすごく難しかったんだと思うんです。特にその時に感情反応があると……。

鈴木　とても腑に落ちますね。そう考えると、僕らは認知的多忙状態が四六時中続いている状態なんですよ。すごく簡単なことをやっている時も、常に認知的多忙で、忙しいから後にして！　という状態が常に続いている。でも病前の習慣的にここで正しく対応しなかったら変だな、失礼だな、という気持ちもあるので対応してしまうわけです。それで結局破綻して、フラストレーションがすごくたまる。

山口　そこは難しいですね。要するに自分としてはキャパはここまでとわかっていても、元の生活に戻っているから元の自分としての振る舞いもしなければいけない、したい気持ちもあるし。しなければいけないことでまた苦しいっていうこともありましたかね。

できない自分を開示し人を頼る

鈴木　そこが多分僕のすごく恵まれていた部分で、病前はできたけど今はできませんということを、ちゃんと人に開示して、頼れるところは頼る習慣を妻に強制された部分があったんです。

山口　強制してくださったんですね。

鈴木　「一人でなんでもやろうとするな。できなくなっちゃったんだから、できない自分に合わせてやれ」ということを妻がずっと言っていたんです。一人でやるのは何も立派なことじゃないというのと、一個ずつゆっくりやれという話。

山口　奥様は今みたいに一人でやるな、一個ずつやれというのは、どなたかから助言されてそのようにおっしゃられたんですか？

鈴木　妻自身がもともと発達障害的な特性が非常に強くて「あなたが苦手になったことのほとんどは、私がもともとできなかったことだ」って言われました。それで、彼女がいままでの人生で積み重ねてきた、作業は一つずつやるとか、作業が終わったら休みを入れるとか、できないことは人に協力を仰ぐとか、徹底的なメモの習慣とか、混乱したら空を見るといったことまで、全部僕に教えてくれた感じですね。そうした助言の中で一番強く言われ、僕自身のためにもなったのが、「ひとりで無理だと思ったら人を頼れ」ということだったんです。

山口 先輩としてコーチしてくれた感じですね。

鈴木 かなり強制です（笑）。背後霊みたいに背中にくっついて、「ひとつずつー、ひとつずつやれー」って言われて、余計集中できない。

山口 でも、そういうコーチがいらっしゃって助かりましたよね？

鈴木 助かったんですが、結局「休みを入れなさい」は、妻にどれだけ言われてもまだできないですね。

山口 フーッて力が抜ける？

鈴木 何か原稿を書いていて、二時間なり三時間なり、集中してできた時に、僕にとって休むということは台所に行って野菜刻むとか、そのすきに洗濯機をまわすとかなんです。

山口 それは休みじゃない！（笑）。

鈴木 でも、休むという経験がない人生を送ってきたので、どうすればよいのか……。

会計でお金が払えない

山口　先ほど、突然のことが苦手になっている背景には、実はワーキングメモリの問題があるのではないかということが出てきました。一度に複数のことを、こうこうだから、こうこうでこうしてみたいな、頭の中で算段する時にすごくワーキングメモリが必要になると思いますが、そういうことが苦手になると、例えば会計の支払いなどで、お金をポンと言われて覚えておくだけでも精一杯で、お財布を見たらわからなくなってしまったということをよく聞きます。

鈴木　レジ会計は典型的なパニックスポットですね。まずは店員さんが口にしたりレジスターに表示された金額を、財布の中のお金を数えて出している間に忘れてしまうこと。あと、一生懸命お金を数えて用意している時に、たくさん矢継ぎ早に声をかけられること。「〇〇つけますか」「〇〇カードありますか」「温めますか」「温かいものは別にしますか」とかって、四つぐらい質問がきませんか？

山口　最近多いですよね。

鈴木　あれ、全力集中で金額忘れないようにしてても、言われるたびに記憶が吹っ飛ぶんです。あと結構やっぱりここでも問題なのが、手がふさがっていること。お財布を開く時に何か手に持っていたりすると、てきめんに記憶が消えるのが加速します。本当は手荷物は全部置いて、会計机の上でやらせてもらえればいいのですが。

山口　でもレジのところは置くスペースがないですものね。

鈴木　結構ないんです。なので、環境調整でリュックサックとお財布は首掛けの紐にしました。両手がフリーになるようにして、最終的にはがま口で先方にそれをお預けしてお金を数えてもらうようにしました。

山口　情報処理として大変なんだろうという理解はしていましたが、手がふさがっていることが大変だというのは、まるっきり手がお使いになれないわけではないので、支援者からすると少し気が付きづらいですね。

鈴木　それつながりで言うと、病後二年目ぐらいで高次脳機能障害の他の当事者さんの講演を聞きに行ったら、受付でたくさん資料をもらうのに、聴講席は机のないパイプ椅子だったんです。資料を置く場所はないけれど、それを読みながら書いたりしたくて、もう手に資料を持っているだけで脳を使い果たしてしまって、うわーっとなってしまい、途中退席してしまったことがありました。

山口　支援者も、そういう状況が起こっているとはおそらくわかりづらいと思います。それこそひょっとしたら「持てているじゃない、大丈夫だよ」と言ってしまうかもしれないですよね。

電子書籍

鈴木　ついでに言うと、当事者さんで、電子書籍がすごく助かるという人の話も聞きました。本を開いている状態をキープしているのはすごく頭を使うので、それで頭に入ってこないそうです。

山口　こうやって開いているだけでね。

鈴木　そうそう。だからパソコン、タブレットなどの電子書籍で置いている状態で読んでいると、すごく集中できると。ちなみにそれは高次脳機能障害の当事者さんではなくて、発達障害の当事者さんから聞いた話です。

山口　発達障害の当事者さん？

鈴木　そうです。三倍早く読めると言っていましたね。

山口　本がめくれないようにキープすることにものすごくエネルギーを使っていらっしゃるんですね。それこそ高次脳機能障害以上に、発達障害の方の今のような状況は周知されていないんじゃないですかね、多分。感覚過敏なんかはよく聞くけれど、実はそういう身体機能のコントロールにすごくエネルギーを使っているということがあまり知られていないように思います。

易疲労

山口　そのようにものすごく脳のエネルギーを使っているので、脳が疲れやすいということを多分日々経験されているのかと思います。それはどうですか？

鈴木　これまた疲れやすいの種類がたくさんあるのですが……。

山口　教えてください。

鈴木　最初の脳外科的な急性期は、傾眠ですね。とにかく眠い。意識をしっかりさせて起きていることだけでも大変。少し話すとか、数行の文章を理解しようとするだけで、複視の症状もひどくなって、眠り落ちてしまう状態です。その後は時系列が順不同になるかもしれないですが、種類だけ先に言います。

山口　お願いします。

鈴木　午前中集中して仕事をすると、お昼の段階で頭が重くなってしまう。うまく原稿などの文字が出てこなくなり、仕事にはならなくなる。仕事以外のことは全部できますが、実はこれに悩まされたのは病後三年以上経ってからで、むしろ発症半年ぐらいの段階でも六時間から八時間仕事机に座っていることはできたんです。一瞬、症状が悪化したようにも思えたんですが、集中力が回復したことで、時間単位で使う脳のエネルギーの量が増えてしまい、かえって総合的な持続時間が減ってしまったということだと思います。

山口　えっ！　それって、病後三年後くらいに、脳の疲れやすさ、つまり易疲労[注10]を実感できるようになったということではないのかしら？　それともエネルギーの使用量が増えた……。悩まされたというのはどんな状態でした？

鈴木　この時間単位のエネルギー消費が高い例の最たるものとしては、集中して人と話す時に、二時間ぐらいで後頭部がしびれてきて、唇と手の麻痺が少し戻って、ろれつが回らず舌を噛みそうになってしまったり、最終的には言葉が出なくなってしまうということがあります。その時は少し脳貧血と同じような具合の悪さを伴います。やっぱりこれも、はじめに経験した時は脳梗塞が再発したかと焦りましたが、今はだいたいどのぐらいでアウトになるのか、予兆がわかるようになりました。

山口　時間経過とともに、細かいところまで意識するようになったことで、そこにエネルギーがもってかれるようになったということなんですね。

鈴木　集中力、つまり認知資源の消費量と認知資源の総量の回復とのバランスなんでしょうね。集中力のほうが先に回復して、回復途上でまだ少ない時間単位の認知資源を、一気に使い切ってしまうようになったと。あと、外部の刺激にずっと触れ続けていて、意識せずとも資源が削られていって、ストンと落ちる感じもあります。

山口　それは脳の機能がストンと落ちた感じがするということですか?

鈴木　そうです。何の作業もしていないけれど、例えば長時間の運転や人混みを歩き続けることをしているとストンと脳が「本日終了……」みたいな感じで、思考や言葉がまとまらなく

［注10］二〇〇〇年以降、易疲労に関する研究が進んでいる。脳損傷者と健常者に同じ課題を実施すると、脳損傷者の方のほうが脳血流量が多い、より広範囲の部位で脳血流上昇する（Ricker et al. 2001）ことがわかっている。

なってしまうものです。

山口　「シャットダウンしました」みたいな。

　傾眠についても伺っていいですか。いろいろなところで私も講演をしますが、当事者の方がよく寝てしまうという話を伺うんですね。鈴木さんの場合は時間経過とともに、傾眠から早い段階で作業ができるように変わっていっていますが、傾眠はどのぐらいの期間続きましたか？

鈴木　何もしなくても耐え難いレベルで傾眠があるのは、やはり脳外科的な急性期で、多分一週間ぐらいだと思います。

山口　一週間ぐらいだったんですね。傾眠の話はすごく個人差がありますが、鈴木さんの場合は一週間ぐらいだったということですが。

鈴木　これは時間に比例して回復していった感じもありますね。今は仕事中や人との会話中に堪えられない眠気が襲うことはほとんどないですが、すごく緊張すると眠くなることには、ちょっと困っています。すごく緊張しなければならない場面に限って、あくびが止まらないとか。

山口　過度の緊張はどこかで使いすぎているから、脳の自動制御システムではないけれど、どこかでフーっとなるのかしらね。脳を活動させることで酸素を使っているから。よく易疲労の症状としては眠気とあくびがあります。鈴木さんだけではなくて、脳を使いすぎると脳がボーッとしてきて、それが眠気やあくびの形で出てくるんだと思いますね。

鈴木　そうですね。例えば講演会がこれから始まるという時に、あくびが止まらないとか。病前にはなかった症状なのでびっくりです。

山口　それも周囲が知らないと誤解しやすいですよね。ご本人はすごく緊張されているのに、あくびや眠いように見えると「こいつ」と思う方がいるかもしれませんよね。やはり、こういうのは周りが知らないといけない症状の出方ですよね。

鈴木　確かに、誤解を招きやすいと思います。

易疲労の改善方法

山口　私が一つ教えていただきたいと思っていたのは、こういう易疲労の改善方法。これはよく講演をした時に質問を受けるんですね。易疲労は高次脳機能障害支援モデル事業の時にはあまり話題になっていませんが、それ以降非常に話題になっていて、多分高次脳機能障害のある方のほとんどに易疲労がおありになると思うんです。どう対処したらいいのかを講演でよく質問いただくのですが、鈴木さんの場合の改善方法は何かありましたか?

鈴木　リハの先生からは体を動かすことを勧められて、僕にとってそれが一番楽だったので、やりました。何も考えずに休むことは苦手な僕なのですが、音楽を聞きながらジョギングをすると、その間は本当に何も考えていないので。

山口　何も考えていないというのは、脳の中で言語活動をしていないということですかね？

鈴木　しなくて済みます。放っておくと、僕は常に何か頭の中で考えたり、手を動かすことをしてしまうんです。なので、休息のためにジョギングなどをしていましたね。

山口　自発的に脳に司令を送るのではなくて、流れて来る音楽と走っている感覚と、見える景色もそうかもしれないけれど、そういうことに委ねるという感じですかね。

鈴木　走っている時だけは、自分の身体と心が離れているような非現実感がなくて、失われている世界観や現実味を取り戻せるように感じたんです。音楽のリズムと足が着地する衝撃がきっちり合ってる感じは、タイムラグがない。刺激と脳の処理のタイムラグがない感じがあって、すごく気持ちよかったです。

山口　鈴木さんがおっしゃりたかったのは、離人感を感じなくて済むということですね？

鈴木　そうです。そういうのもあって、ひたすら走っていました。走っている間が、一番効率的に認知資源が再チャージされるような感じで、仕事で疲れていても、走るともう一息脳が動いてくれるんです。

山口　実際に脳にダメージのある方のリハビリで、あるいは脳にダメージがない方も含めて、一番何がいいかというと有酸素運動と言われています。ジョン・レイティという方の「頭を良くしたいと思ったら運動せよ」という本（Ratey & Hagerman, 2008）があり、実際にそれはエビデンスがあって、底辺校の子どもたちに毎朝好きな運動をさせたらトップ校になったというデータを出しています。高次脳機能障害の方でも、やはり運動はすごく大事。有酸素運動が脳を活性化するという部分と、鈴木さんの場合は離人感を感じなくて済んだことはすごく大事なことですよね。

鈴木　そうですね。ただこれは他の当事者さんに聞くと、運動はかえって疲れてしまって駄目という人が少なからずいて、向き不向きを感じるんですよね。あくまで中途障害なので、それまでの人生の中に運動習慣がない人がいきなり運動を取り入れるときついのかもしれない。

山口　運動そのものに抵抗感や苦手意識があると、そこは鈴木さんのようにはすんなりといかないということなんですね。

鈴木　あと易疲労について、能動的に「疲労を減らす」というアプローチでは、毎日の生活の中で無意識に入ってくる情報を、道具を使って意図的に制御することでしょうか。これは後に具体的にお話したく思います。

抑肝散

鈴木　ただ、易疲労の対策で一番劇的だったのは漢方の抑肝散ですね。

山口　抑肝散。今わりと認知症の方によく出る漢方のお薬ですが、高次脳機能障害の方にも出る。どちらかというと精神を和らげるようなお薬だと思います。

鈴木　多分僕は視聴覚の感覚過敏が強く出ているので、朝起きた瞬間から脳の資源が自動的に削られていたんだと思います。それが削られないから持続時間が長く続く。仕事の集中力がついた半面で午前中で使い果たしてしまうという症状に悩んでいた時に、効きました。

山口　鈴木さんの場合、抑肝散はどちらかというと感覚過敏や情報処理をする時に過度にそこで疲れなくて済むというか、そういうところに効果があったということですか？

鈴木　耳栓などと一緒です。気付かないうちに削られているものが削られていない。そういう感じ。

山口　そういう感じなんですね。漢方のお薬でどのように作用するのかわからないので、聞いてみたのですが。

鈴木　やはりエビデンスがないですよね。当事者さんによっては全然効きませんって人もいますが、僕の場合は飲んだその日から劇的に違いを感じたので、漢方ってじっくり効くものだと思っていたのでおどろきました。

山口　薬の効き方は個人差も大きいと思いますが、鈴木さんの場合は疲弊しなくて済むという感じですか？

鈴木　そうです。無駄に疲弊しなくて済む。削られなくて済むという感じです。

山口　ありがとうございます。そういう感じだったんですね。

鈴木　そういえば、ＡＳＤの当事者さんで中毒のように飲んでいる人もいましたね。やっぱり感覚過敏の緩和が目的のようですが。

山口　鈴木さんはご自分が脳梗塞をされた時にはすでに抑肝散という薬を知っておられたんですか？

鈴木　いや、少しイレギュラーで、一番最初は母にもらったんです。ちょうど父の看取りの時で、僕が父に会った後に毎度真っ白になってしまうのを見た母が、そんなに高ぶってつらいという気持ちがあるならばと、勧めてくれたんです。母自身は入眠補助のために使っていたんですが。

山口　それで飲んでみたら結構いい感じで。

鈴木　そう。もともと僕は入眠には問題なかったのですが、飲んでみたらなぜか仕事のほうがものすごく長続きするので「なんじゃこりゃ」みたいな感じで。

山口　そこからはお薬は出してもらえないと思いますが、どこから出してもらっているのですか？

鈴木　今は、定期受診している脳外科の先生に言ったら、脳外科からは出せませんと言われて、和漢の先生につないでいただきました。

山口　なるほどね。実は脳損傷のある方のお薬の出し方は、一般の方と違うそうです。そういうのをわかって出せる方は少ないんですよ。そのあたりは先崎先生がきちんと書いてくださっている（先崎、二〇〇九、二〇一一）のですが、脳損傷の方をしっかり見ているドクターだと、この薬を使うとかえってまずいというお薬もあったりします。例えば、抑肝散は結構脳損傷の方に有効だと知っているドクターは出してくださるようです。おそらく今は認知症の方にはよく出るようになっていますが、うつや統合失調症の方をメインに診ている先生はあまり抑肝散を使っていらっしゃらないかもしれません。だから、鈴木さんが抑肝散に出会えたのはよかったですね。

鈴木 そうなんです。すごいこれ効いたなと思って、自分の闘病記のアマゾンのレビューを見たら「鈴木さんの症状には抑肝散がお勧めです」と当事者さんが書いてあった。僕はあまり自分の本のレビューを読まないので、もっと早く見ておけばよかったなと思いましたけれどね。

山口 脳外科が出してくださらないとしても、リハビリテーション科や精神科で、高次脳機能障害の方が何でお困りになっているのかをわかって、抑肝散など、必要な方には出していただけるようになるといいですよね。

鈴木 ただ、例えば病後一年目とか、僕が言う脳の情報処理的・心理的な急性期の段階でそれが効いたかはわからないですけどね。少なくても三年目になり、仕事を増やして易疲労に悩んでいる時には効きました。出せるかどうかは別にして、いろいろな当事者さんの、これが効いたという言葉をエビデンスにしてあちこちから集めたものがあったらいいのにと思います。

山口 そうですね。ありがとうございます。

5　対応にたどり着く

症状の自覚、発達障害との共通点

山口　では、少し話が変わりますが、ご自分のいろいろな症状をかなり鈴木さんは自覚されていますが、自覚するだけではなくて、それがどのようなメカニズムなのかをご自分なりにものすごく理解されていると思うんですね。それはいつ頃から可能になったのですか？　やはり発症から？

鈴木　発症してすぐに、視線がとれないことと、表情がつくれないことや、思ったように言葉がコントロールできないことは、今まで取材してきた発達障害の人やうつの方々とほとんど同じだという直感はありました。最も決定的だったのは、病院の購買に行った時の会計で――まだ点滴を付けている時ですが――、会計でパニックになって、戻ってきて妻に言ったら「私は子どもの頃からずっと同じだよ」と言われたこと。レジでパニックになる当事者さんは、うつの人でも適応障害の人でも今まで取材した人で一緒に薬局に行ったり、一緒にファストフードに行ったり、そういう場所でパニックになるのを見ていたので。それで、ようやく僕も彼らがどれだけ苦しかったか、推測や代弁ではなく自身の感覚から言葉にできるぞって、出版社に闘病記の企画書を出したのが発症から一二日後です。企画書を書き始めたのが朝の四時半ぐらいで、それが書き上がったのが八時何分かなんです。

山口　すごい。二週間も経たない内に企画書もお書きになったということなんですね。

鈴木　何時間もかけて、十数行の誤変換まみれのボロボロ文章ですが。

山口　まず自分に起こっていることが発達障害の症状に非常に似ていると思われて、それを本にしようと思われて企画書を書いたということが、そもそも受傷から二週間以内ということにものすごい驚きました。

　鈴木さんがそういうことがおできになった理由は二つあると思っていて、一つは発達障害やうつの方などを取材する中で、そういう知識がおありだったということがあると思いますね。

鈴木　事前知識は確かにあった。とはいっても「あなたの職場にもいる困った発達障害上司」みたいな卑俗な週刊誌記事の取材で得た付け焼刃知識でしたが、一方で社会的困窮者をターゲットにした取材の中で、精神疾患の当事者像をたくさん見てきたことはあるとは思います。

山口　そうですよね。もう一つは、鈴木さんはご著書で奥様の発達障害についても触れておられました（鈴木、二〇一八）。発達障害があると日々の生活でこういうことがうまくいかない、というのを目の当たりにされていたのも大きかったですかね？

鈴木 そうですね。かつてはいろいろなことをやれない妻に僕が困り果てていた部分もあるんですが、その僕が困っていたことが、僕自身にもやれなくなっちゃったことだったので。なんかバチが当たったような気持ちもしました。妻は膠芽腫（脳腫瘍）でかなり大きな組織を取ってしまっているので、発達障害なのか高次脳機能障害の先輩なのかはわからないですけれど。

山口 そうですね。奥さまは脳腫瘍で前頭葉の一部をお取りになっていると伺いました。

鈴木 僕と同じ苦手を持っている妻を見ることで、妻が僕の障害の鏡になってくれた部分も大事でしたが、何より最も身近にいる家族である妻が、苦しいとか困ったとか僕が言わなくても「今のあなたならこれができないはず、苦しくて当たり前」という立ち位置で支えてくれたことが、僕が自己理解に至った最大の支えだとは思います。

山口 大変だったと思いますが、奥様に救われましたね！ ありがとうございます。

以前とは違う自分、違わない自分

山口 そういう中で段々、理解はしているけれど、前とは違うというご自分に対しての違和感、気付いたことについて伺ってもいいですか？ あるいは心理でアイデンティティクライシスというのか、前の自分と違うので、どうやってこれから生きていくのか、いろいろなことで混乱状態に陥ったかと思います。

鈴木　急性期の病棟の中で、自分の中の根幹のパーソナリティが残った話はしましたが、これなら何とかなるのではないかというのがありました。確かにできないことはたくさんあるし、特にコミュニケーション能力は壊滅的だけれど、ゆっくり落ち着いてやればだいたい病前通りの思考力はあるなと。

山口　その整理もすごいと思います。鈴木さんにとっては、思考は仕事をしていく上でも、自分が自分であるためにもすごく大事なものだということをおっしゃっていたと思いますが、そういう整理がおできになったのはすごいと思います。それがあったからそのように思われたんですね。

鈴木　その時点で整理したわけではないですが、ぐちゃぐちゃになった世界観の中で、常に自分はどこまで壊れて、自分の中のどの能力がまだ生きているんだろうと考えていたんです。

山口　それを考えていた?

鈴木　そう。よくよく考えてみると、病前能力のどこが生き残っているのだろうと思考している僕は病前通りの僕じゃないか、というような、ちょっと哲学的な自己問答ですが……。

山口　そこに気付けたということですかね。

鈴木　そうですね。

山口　当事者の方とお話しすると、前とは違う自分を受け入れるのがすごく大変だったとよく伺いますが、そういうのはどうでしたか？

鈴木　自分に対して、できなくなったことを受け入れがたいと思ったのは、実は発症から何年かたって、それまで経験していた仕事以外の未経験のタスクに挑戦して玉砕した時ぐらいなんです。具体的には自治会関連の役職なんですが、病前の自分なら喜んで引き受けたような簡単なタスクが、難しくて苦しくて、まるでこなせなかった。けれど、日常生活や既存の仕事の上で、障害を受け入れがたいと思ったことはありませんでした。それはやはり病前に発達障害の当事者が環境調整をすることでやれないことを可能にしていることを知っていたからだと思います。できなければ、どう工夫すればできるのかを知ればいいと。それで、発達障害の大学生向けのライフハックをまとめた本（『発達障害のある大学生のキャンパスライフサポートブック』高橋、二〇一二）なんかも参考にしつつ、物理的な環境調整を重ねていったんです。それでもやれない部分や、何度も同じ失敗をしてしまうことには、ガックリとはするけど受け入れられないという程ではなく、仕方ないか、という感じです。

人に頼る

鈴木　でも、順番としては、まずは「人に頼る」ですね。自分はこれができないということを具体的にお願いするところから。

山口　鈴木さんのご経験は、一般的な経験ではないところがあるという話を前に私がさせていただきました。高次脳機能障害の症状的には他の方もかぶるところがあるけれど、すごく違うのは鈴木さんが発達障害のことをよくわかっていて、しかも発達障害の方が何かで補って生きていることもご存じだったのが私は大きいと思っています。今も人に頼るということをまず先に思ったとおっしゃいましたよね？　人に頼れと。

鈴木　そうですね。とにかくできなくなったことは人に頼りなさいというのは、妻の指導もありましたが、回復期病棟のＳＴさんが言ってくださった言葉でもあるんです。まず僕の家庭の中での一番必要な環境調整として、モノとヒトに頼るということを覚えないと鈴木さんは再発しますよと言われました。自分の時間を確保するために家電に頼りましょう、やれない家事は奥さんにきちんと頼みましょうと。

山口　それは珍しい。そのＳＴさんも先見の明があるというか。障害のことをよくわかっていらっしゃる方だと思います。

鈴木　ご結婚なさっている若い女性で、病前の生活の聞き取りをして、僕が家事と仕事をワンオペで抱え込んでいて、その抱え込み体質が脳梗塞を起こした原因だろうと思われたんでしょうね。ご結婚されている方なので、「やれないことは奥さんに全部頼む」「頼んだ家事の仕上がりには一切文句を絶対言わないのが当たり前のルール」と言われました。

山口　素晴らしい！　それはとても共感的に理解できます（笑）。今のＳＴさんの、代償手段を使いなさい、環境調整、人に頼りなさいというのは、なかなか初期には言ってもらえないと思います。どちらかというと機能訓練でいかに機能を上げるかだけに注意が向いてしまっているリハスタッフが多いと思います。そのＳＴさんは、関われる時間が短いのであればその中で、鈴木さんの場合はきちっと生活を変えないと破綻をきたすと思ったと思うのですが、それで人に頼れとか、頼る時の具体的なところで仕上がりには文句を言うなとか、そこまできちっと言ってくださったのは素晴らしいと思いますね。

鈴木　確かに慧眼だったかも。ただ、それはよかったのですが……このＳＴさんは僕が話しづらいといった訴えに対して「とても上手にお話しできていますよ」と取り合ってくれなかった方でもあるので、そこについては心を閉ざしてしまいましたね。

山口　そこは少し残念でしたね。

鈴木　でも、実際このＳＴさんの指導通りに家事を妻に依頼してみたら、意外に僕が苦手とすることを妻ができていて、それまで「頼んでも無駄だ」と思って抱え込んできた自分の自業自得に気付けたので、ＳＴさんに対する感情は恩人であり、すごく残念な気持ちもあり、結構複雑なのです。

山口　「大丈夫」と励ますつもりでお伝えしたことが、「わかってもらえてない」につながってしまったということなんですね。

鈴木　加えて、人に頼る習慣をつけた経緯では、倒れた時に抱えていた仕事も大きく関係していると思います。当時、僕は週刊連載の漫画原作の仕事をしていて、僕が原作に復帰しない限り休載、つまり担当編集のクビと、漫画家さんと漫画家さんのご家族と、アシスタントさんの生活がたちゆかない。僕が仕事に復帰しないとたくさんの人が路頭に迷いかねない状態だったんですね。

山口　それは大変でしたね。

鈴木　いや、逆にそれが良かったんです。だって僕が再び原作を書けるようになるためには、担当編集に対して、もう電話できません、メールの指示はこのようにしてください、予定の変更はききません、そうしないと原作が続けられませんと、本来取引先にはなかなか言えないことを「連載の継続」という人質を盾に言えてしまえたわけですから。お願いしたすべてをわかってもらえたわけでも配慮してもらえたわけでもないけど、無理やり仕事に戻って、いろいろなことに玉砕しながら、自分が玉砕しないためにはどんな配慮が必要なのかを洗い出していくこともできました。

山口　それもすごいですね。仕事仲間を路頭に迷わせないために自分でやらなければいけないことを自分に課しながら、でもそれが前と同様にはスムーズにいかない自分に気付きつつ、どうやってそれを一個ずつつぶしていき、結果的に仕事として成立させるかということをされていたということですね？

鈴木　一個ずつつぶしたというと能動的ですが、実際はあらゆることを以前通りにやろうとして玉砕して、その都度対応を考えていたと思います。玉砕したらまず最初は「それはしないでください」から始まって、ではどうすればいいですかというところで、担当さんと半ば戦いながら、「こんなふうにやってくれればできます」という着地点に青息吐息でたどり着くという感じだったと思います。担当と電話でパニックになって話をしながら、「あなたと喧嘩はしたくない、こんなふうな言い方はしたくない」と泣きながら話したこともありました。電話で打ち合わせするとパニックになってしまうと言っているのに、何回も夜中まで電話がかかってくるので。

山口　まだ受傷からそんなに経っていない人にですね。すごく大変な作業だったと思いますよ。道を創っていったということなんですね。

鈴木　つらかったですが、そうして洗い出した「こうしたら病前通り働けます」の配慮のお願いリストみたいなものは、他の取引先にも他の人間関係でも流用が効きますから、その後の大きな指針になったと思うんです。

山口　お願いリストをご自分で作られたのがまたすごい！

鈴木　と言われるんですが、実はそんなスムーズでもなくて、一冊目の闘病記を書き上げた発症一〇カ月目前後までは、基本的に頼るのは妻のように何も言わなくても苦しさを理解してくれるタイプの限られた相手か、連載の担当ぐらいに利害が拮抗している相手に限られていたんです。その他の人間関係や仕事で困ることは、やっぱり自分の努力でなんとかしようともがいてたんですね。そんな中、一年半ぐらいたった時に、大きなきっかけがありました。対談の仕事でOTさんと話をすることがあって、その取材の時にしょっぱなにカメラマンさんに突然フラッシュをたかれて、パニックになってしまったんです。でもその時、そのOTさんが「鈴木さん、それは当事者さんにはすごくたくさんある反応なんです。本当にパニックになりますよね」とすごくストレートにわかってくれて「そうです、つらいんです」と言ったら、その場にいた担当編集さんやカメラマンさんも含めて、ちゃんと理解と配慮をしてくれた。

山口　「わかってくれた」という経験は大きな支えになりますよね。

鈴木　そう。本当にありがたい体験です。対談の場で、出版社の応接室でパニックになるのはあってはいけないことじゃないですか。あってはいけない状況で、そのOTさんが僕の代弁をしてくださって、その周りの人たちもわかってくれて、ちゃんとそれができたというのはすごく大きな経験でしたね。そこでようやく僕も、なんだ、こうやってわかってくれる人がいるなら、わかってくれる人だけにコミュニケーションを取るのではなくて、自分からもっと積極的に援助希求をしていこうと思えた。その後は、仕事や日常生活の中で接する多くの人に、あらゆる援助希求を具体的にやっていこうとシフトできたんです。結局そこに着地できたのは、病後一年半ぐらいです。

山口　わかってもらえたご経験がすごく大きかったんですね。

鈴木　大きかった。そこまでは、頑張って伝えなくてもわかってくれる人だけとしか関われないと思っていて、自分のほうから積極的にわかってもらって、助けてもらおうって姿勢はなかったんですね。

山口　わかってくれる人だけにわかってもらおうと思うのは当然だと思いますが、でも「わかってくれた」ということが鈴木さんのスタンスを変えて、自分から援助要請していこうという転換点になった。

鈴木　そう。やっぱり妻が何も言わなくてもわかってくれる人だったので、誰と接していてもなんで妻のようにわかってもらえないんだろうという気持ちがありました。苦しい雰囲気だけで察してほしいし、察してくれないならコミュニケーションも取りたくないって、誰に対しても少し心を閉ざしていたんですね。けれど、そんなきっかけがあって、あれこれ積極的にやれないことや配慮してもらいたいことをお願いして回った結果、最終的に取引先は三分の一ぐらいに減ってしまった感じはしますが、それも含めて取引先を理解者で固めるという、一つの環境調整だったと思います。

山口　今の話は後のほうにつながっていくのですが、支援者がどのように当事者の方に関わっていけば、より当事者の方が前を向いていけるかというすごく大事なエピソードだったと思うんですね。心理職がどうしていったらいいかというところで、当事者の方にどんなことが起こっているのかをいろいろ知らないと、先ほどのOTさんみたいに、「それよくあります」と言えないじゃないですか。だからそれを知っていて、お伝えすることで、当事者の方にフィットすると鈴木さんのように変わって行かれるのだと思うので、いかに相手をきちっと理解した上で、相手にこそっと落ちるような言葉をかけられるかというのが多分心理職の技なんだと思います。

6 環境調整

山口　今のお話の中で人に頼ることと、あとはご自分で工夫するということで、鈴木さんは環境調整とおっしゃっていましたが、例えば帽子やサングラスなどいろいろおっしゃっていましたね。その辺りを具体的にお伺いしてよろしいですか。

鈴木　まず基本的には、外部から脳に入れる情報を減らすバージョンの物理的な環境調整です。耳栓やサングラスは、音と光という脳に入力される情報を純粋に減らせますし、ヘッドフォンは情報を減らすと同時に音楽に集中することで、選択的に不快な情報や思考から注意を転換できます。注意の凝視を引きはがすのが難しいと言いましたが、僕にとって最も効果的だったのは、音楽でした。ちなみに、歌詞の入っていないもの、リズミカルで単調なものが僕の場合は良いようです。サングラス、つばのある帽子は、サングラスで情報を弱くするのに対し、視界に入る情報を半分にゴッソリ削る効果もあって、併用することでかなり初期から雑踏の中を歩くことができました。

山口　発達障害の方の支援で言う「刺激の調整」ですね！

鈴木　それです。なお、こうした対策は情報過多によるパニックの予防策だったのですが、後々になって気付いたのは、こうした工夫が先程話題になった「易疲労の対策」としてもとても有効だということです。朝起きた時から常時こうした対策をしていることで、一日の最後まで脳の資源を温存できる、つまり易疲労の緩和ができるんです。回復するにしたがって油断してこうした対策を忘れて外出し、出先で脳が枯渇して帰れなくなってしまうなんてことも。

山口　自分のエネルギー消費の状況を知って、うまく差配するという感じですね。

鈴木　あとは、パニックやミスを頻発したシーンで、それを未然に防ぐ予防的な工夫です。例えば鬼門のレジ会計は、最大限 Suica などのマネーカードや、クレジットカード。そして、大前提としての両手フリー。かばんはリュックにして、財布もかなり長い間首掛け紐のあるがま口を使っていました。

山口　かけ紐は必要ですね。

鈴木　です。あと、公共交通を使う外出時では、雑踏の中で急いで物を探したり調べたりということがないように、行き先までの経路図のメモは必ず持って決まった位置のポケットにいれる。

山口　今ちょうど鈴木さんはジャケットの胸ポケットから出される仕草をされましたが、そこが必ず定位置だったんですね。

鈴木　そう。本当に余裕がないと、メモを探している間に自分が何をしようとしていたのかとか、どこに行こうとしていたのかとか、忘れてしまうので。とはいえ、一番はやはり、経路とか電車の時間、約束の時間まで、手にメモを書いてしまうことですね。実は手って、探す必要がないメモ帳なんで。手が一番。

山口　わかります。リハスタッフや療育のスタッフは自分の左手の親指と人差し指の間にメモること多いです。

鈴木　あとはスケジュールを書くものの一本化ですね。実は病前の僕は、予定をカレンダーで管理する習慣があまりなかったんです。なぜかというと病前は覚えていられたので。

山口　それもすごいですね。締め切りや打ち合わせなどたくさんあったでしょう？

鈴木　でもそれは、そんなにメモっておかなくても覚えていられたんです。だいたいパソコンの中にテキストで、今週の予定みたいなのがあれば大丈夫だったんですが、病後にそれですごくたくさんトラブルを起こして、ダブルブッキングや、約束の時間に行ったはずが相手がいない、曜日を間違えるなど、そういうのが頻発してまずいと思ってそれで、予定を管理するのにカレンダーアプリを最初に使ったんです。

山口　それはスマホの？

鈴木　タブレットのですね。パソコンと連動できるアプリで、これは超便利だと思って導入したらこれまたミスが頻発して、実は、相手に口頭で聞いた予定日を、アプリケーションを立ち上げて入力するまでの間に覚えていられなかったんですね。やっぱりスケジュールはそれが話題に出た瞬間に手に書いて、それを手帳に転記する形に落ち着きました。
　手に書いたメモが優れているのは、一番自由に動かせるメモってことなんです。実はワーキングメモリが低くて記憶を保っていられないことには、元のメモと書き写す先の間の物理的距離も関係します。まず手に書いて、手帳を開いて、手帳の横に手を置いてすごい近い距離のものを見比べながら書き写す。これで、ほぼ一〇〇％対策ができました。

山口　手帳を広げて、それを左手で抑えて、左の手の甲に書いてある文字をすぐ写すという、近くで何回も目で見られるということですよね。

鈴木　そうなんですよ。同じ視界に転記元と転記先があることが重要なんです。退院してすぐの頃は、パソコンの画面で見た電話番号を携帯電話に打ち込むまでの間の記憶を把持できなくて、間違い電話をたくさんしてしまい、ただでさえ苦手な電話で何度もひどいパニックに陥ったんですが、その時に画面の上に携帯電話を重ねればなんとか解消できたんです。パスワード入力なんかでも同じですよね。その応用です。本当にびっくりしますよ。今見て、今書いたものを見比べると間違ったことを書いているという。一三時と一五時の間違いや、一五時と一七時の間違い。

山口　それはよくありますよね。

鈴木　ありますよね。あれが一〇〇％起きる感じです。曜日は合ってても第二週が第三週、日付なら八日の予定を一八日に書いてあるとか。

忘れ物をしないために

鈴木　あと、忘れ物対策としては、出かける際に持っていくものを要件別にそれぞれリスト化して、台所の壁に貼ってあります。例えば打ち合わせに行く、旅行に行く、講演会に行くなどです。大事なのは用意の際に、リストの上から順番に用意すること。なぜかというと、順不同で用意すると、行間の何かを絶対見落とすから。

山口　私がよく当事者の方にお勧めしているのは、出かける先で鞄を替えるといいですよって。

鈴木　何ですかそれ？

山口　例えばリハビリ用の鞄であれば、リハビリ用の鞄に今みたいに持っていくもののリストをつくって、必ず左に番号を打って、（1）何とか、（2）何とかとそれをクリアファイルに入れて、鞄の中に入れておく。その鞄を開けたらそのクリアファイルがあって、1、2、3、4、5なら5あり、必ずそれが入っているかどうか1、2、3、4、5と指差し呼称する。病院用のは病院用で、病院用は保険証や診察券などあって。

鈴木　それやります！

山口　本当？

鈴木　すばらしい。それやります。鞄変えます。たまにしか行かない病院なんかだと、どうしても忘れ物をしやすいし、慎重に準備するとやっぱり時間がかかってしまうんですよ。

山口　それはお勧めです。鈴木さんだったら例えばプライベート、仕事でも何か違いがあれば、そこで違う鞄に入れていくという形で。私も今日は堅い仕事用の鞄で、パソコンが入るものを持ってきていますけれど、ここに行く時はこの鞄とある程度、プライベートはもう少し賑やかな鞄にしていたりしています。そうやって頭の中でここに行く時はこれと、若干持ち物が違いますよね。

鈴木　そうです、すぐに導入します。

山口　良かったです。お手伝いができて。

鈴木　あと、今のアドバイスと少し近い気がしますが、忘れ物することを前提にした対策もありました。もうどんなに頑張っても忘れ物はするものとして、忘れたら家に取りに帰らなければいけないものは全部ひとまとめにして鞄の中に入れておく。それが、お薬と現金とヘッドフォンと耳栓、折り畳みのサングラス。

山口　要するに自分を守るグッズは必ず鞄に入れておく。

鈴木　そうですね。忘れたら取りに帰ることになるので、持っているカバンに一セットずつ、常に入れっぱなしにしています。なんだかんだ言って、リストをつくっても三回に一回くらいはどれかを忘れるので。

山口　そうですよね。今お見せいただいたのはとてもカラフルな、黄色い綺麗なものに入っていますが、そういう目立つ色の物をお使いになったほうがいいですね。

鈴木　そうかもしれない。

山口　だいたい鞄は黒が多いじゃないですか。だから、これは忘れてはいけないよというものは黄色やピンクなど、そういう色の物がお勧めですね。各鞄にその黄色いのが必ずあるとパッと見てわかるのでいいと思います。

「伝えたいこと」メモ

鈴木　あと、コミュニケーション面でのパニックやミスの予防策もあります。それが、人に何かを伝えたい時は一回文章に最初に起こすということです。

山口　文章に起こすというのは紙に書くんですか？

鈴木　はい。紙に一回話したいことを書いておいて、それにしたがって話をする。人を前にしてその場で咄嗟に最適の言葉を出そうとすることがものすごく脳の資源を削り、パニックにもつながってしまうので、事前に想定問答を自分で考えて、最低限伝えたいことはあらかじめ文章化しておくんです。もしくは、文章の形で渡す。

山口　今もパソコンや資料をご覧になりながらお話しされていますが、こういうことを話そうというものをあらかじめ文章にして、見える形にしておくと、こういう対談でも楽におできになる。

鈴木　そうですね。今は随分回復したので、今日お伝えしたいことをレジュメ化しておいたものと、今のお話の要点をメモに取りながら自分がどう返事するかを一語二語程度で書きとめるものの、両方のテキストファイルをパソコン上に開いて、見ながらお話ししています。これは概ね病前と同じなんですが、ここまで回復する前は、もう事前に書いたメモにしがみついて、その流れ以外では上手に話せませんっていう感じでした。

山口　目の前にメモがあると、頭の中で言葉を探して迷わなくて済みますものね。

鈴木　あとは、こうして一度文字に書き出すのは、物事の手順や、自分の考えをまとめるためにも有効で、パニックの回避という文脈ではありませんが、病後に新しく身につけた習慣です。

山口　先ほどの記憶と同じで、病前には必要なかったけれども……。

鈴木　そうですね。たまに、書きたい原稿の構文やプロットをまとめるために、原稿を書く前に殴り書きをすることはあったんですが、病後はとにかく頭の中だけで物を考える、物事を組み立てるということが本当に困難になってしまったので、脳内にもともとあった思考のテーブルが、すごく小さくなってしまったって感じです。小さいので、思考の素材がたくさんあると全部こぼれてしまう感じ。でも、この思考の脳のテーブルを外に出して、紙の上で考えると、素材が消えないしこぼれないんです。

山口　それはすごく大事なことで、私たちは、リハビリテーション領域では外在化と言うんですね。外在化や視覚化という、目で見える形にしておくことで脳の負担を減らす。思い出すことに力を使わず、情報を見える化することで考えることに余力を残してあげるというか。そのために外在化や視覚化はすごく大事なことかと思います。

鈴木　それそれ！　目に見える、消えない状態にすることで、考えることの難易度が一気に下がるんですよね。多分情報処理が破綻してパニックになってしまっている状態の脳って、何のリハビリにもなっていないと思うんです。でも、思考の素材を外在化して負荷を下げて、なんとか思考を成立させていくことって、絶対脳のリハビリになっていると思います。

山口　そうです。脳のリハビリになるということと、おできになることが増えると思います。

鈴木　すごく増えます。

山口　そのことがすごく大事だと思うんですよね。

闘病記というセルフリハビリ

鈴木　思考の外在化とリハビリという点で考えると、実は僕にとって最大のそれは、闘病記の執筆だったと思うんですね。どうしたらこの症状を相手に伝えられるだろうとか、自分はこれをどのように対策したんだっけと思い起こしたり、どこでどのように困ったかを考えて文書化していく中で、自分の障害の受容や理解も頭の中だけではなくて外在化する。なぜ自分が失敗するのか、その解釈やいくつかある理由の鑑別、その失敗の元にある障害が何かの鑑別も含めて外在化する作業が、僕にとっての闘病記執筆だったんです。思考をひたすら文章にする、紙に書くということをやり続けましたから。

山口　それは多分、セルフリハビリというか。

鈴木　セルフダイアローグっていう、リハビリですね。

山口　本来であれば支援者とやりとりをする中でリハビリすることが一般的だと思いますが、鈴木さんはいろいろな知識や考える力がすごくおありになるので、セルフリハビリをすごくされて来たんですね。

鈴木　ただ、もしかしたら自分の障害特性の中に、過剰分析などが入っているかもしれない。すごく分析的な思考が止まらなくなる感じがありましたね。一年ぐらい。

山口　過剰分析？　むしろ、そこに思考が固着して、考え過ぎたり分析し過ぎてしまって、逆におつらかったりしましたかね？

鈴木　つらいことはないです。最終的にはライフハックにつながる、環境調整と、自分が楽になることにつながるという前向きなモチベーションがあったので。ただ、少しそのへんが加速していた感じが今はあります。悪くはなかったと思いますが、健常ではなかったと思います。

山口　障害特性の部分もあるけれど、鈴木さんの生き様というか、例えば貧しい方や困っていらっしゃる方などに関心がある、突き詰めたいというのがあって、ある意味明らかにしたいという意向が、おそらくお仕事の底辺にもあったと思うんですね。そういうことがすごく絡んでいるのではないですかね。

鈴木　なるほど。ただ、もともと僕が物書きだったからってところは、他の当事者さんにはあまり役に立たないことなんじゃないかなと不安になりますが……。

山口　いや、鈴木さんはご自分のことなので気付いていらっしゃらないかもしれませんけれど、それができなくて苦しんでいる方もたくさんいらっしゃるし、そもそも発達障害の知識がなかったりするので、ご本人は「何だこれは？」ってなりますよね。だから、鈴木さんからたくさんのヒントがいただけるんですよ。

鈴木　ヒントになりますか？

何が起こっているのか？　どうすればよいのか？

山口　なります。だって、二つ、今ヒントがすでに出てきていて、発達障害の方にも症状としてこういうことが出るということを専門家が知っていれば、支援の仕方が違うだろうというのが一つ。その時に支援者がそういうことがわかるということを当事者の方が納得できるような言葉で支援者が伝えられれば、当事者の方は少し楽になられて、そこからどうしようかというところに行けるという話でしたよね。だから、これは鈴木さんの場合は特殊なことではあるけれど、むしろ他の方にも非常に汎化できることだと思いますよ。

鈴木　すごく大変だと思う。思考の言語化や文字化はすごくトレーニングが必要なことだし、それがもともとの習慣にない人にとってはハードルが高いことなので、それをどう普遍化していくのかを考えないと。

山口　だから、セルフリハビリは難しいけれど、支援者と当事者が言葉を交わす中で、こういうことだと理解して行かれれば、先ほど理解と受容とおっしゃいましたけれど、受容の前には理解が必要だと思うんですね。自分に何が起こっているのかわかって、それを受け入れていくプロセスが必要だと思うので、そこを支援者がきちんと手伝えるような仕組みが必要だと思います。

鈴木　なるほど。確かに当事者一人では無理でも、支援者との対話の中でなら、ハードルは下がりますよね。だとすると、支援者がアプローチできる、当事者による気付きの一歩目は、よく言われるようにまずは病棟内で小さな失敗をたくさんしていただくことでしょうか。

山口　でも失敗した時に、それを支援者が、こういうことができていないと言語化したり、またその時に、例えば「そんなこと当たり前ですよ」と言ってしまったりしたら、もう支援者に心を閉ざしてしまうわけじゃないですか。だから当事者の方の大変さを支援者が理解した上で、起こっていることを言語化して共有して、そのメカニズムを理解しつつどうすればいいのか。そこまでを提案できないと、当事者の方の理解や受容は進んで行かないと思います。

鈴木　なんて大変なんだろう……。

山口　だからこそ、今の日本の高次脳機能障害のリハビリテーションは非常に不足している部分があって、そこを変えていくために鈴木さんは今頑張っているのだと思いますよ。

鈴木　援助者の立場に立ったら、なんて大変なんだろうと思います。わからない、わかろうとしない当事者もたくさんいる中で、どうしても支援困難ケースのような嫌な言葉も出てくる中で、どうしたって支援のしやすい当事者からケアすることになってしまうような気もするし。

山口　でも、多分必要なのは、ご自身のことをわかりたくないと思って突っ張っていらっしゃる、それが基でご家族や周囲の人とトラブルを起こしている方に対する支援が、私はすごく必要だと思います。やはり周囲の人との人間関係が悪くなってしまうと、その人の精神状態ももちろん良くないと思うけれど、下手すると居場所がなくなってしまうので。

鈴木　たしかに、高次脳機能障害は、基本は居場所がなくなる障害だと思うんです。周囲とトラブルを起こしがちな特性の塊といっても過言じゃない。

山口　そのような理解を、まだまだ高次脳機能障害のリハビリをしている人たちが充分できていないと思います。だから注意障害だけ、そこだけリハビリをしてリハビリしているつもりになっている支援者もいると思うけれど、そうではなくて、実生活に戻られた時に、ご本人が前の自分と違ってできないことに打ちのめされたり、あるいはそれを必死に隠そうとして無理をされたりしている中で、それこそ、うつになったり、あるいは周囲とトラブルになっている方が実は結構いらっしゃる。

鈴木　そう。皆さん実生活に戻られてからの玉砕や、トラブルの連続です。本当にケアが必要なのは、そこからなんですけれども。

山口　だけど、今のリハビリの仕組みは急性期と回復期は高次脳機能障害に対応することになっているけれど、それ以降のリハビリは全国的にまだ保障されていない。その後にリハビリテーションセンターやどこかでご自分に向き合うことを手伝ってもらえる方が極一部いらっしゃいますけれど、それ以外の方たちは、極端に言えば急性期が終わってポンとお家へ戻り、回復期が終わってポンとお家に戻り、戻ったところで、鈴木さんも家に戻ってからが地獄だったとおっしゃったけれども、そういうことを経験しつつ、でもどうしたらいいのか本人はわからない。どこに相談していいのかわからない。ご家族もどうしたらいいのかわからない。そういうお家が、まだまだあると思うんですよね。それを変えていかないと、困っている方たちが楽になっていかないと思います。

気持ちのコントロール

鈴木　ちょっと難しい話になってしまいましたが、環境調整の続きに戻りましょう。今までの話に出た環境調整、特に物理的な情報量抑制型の工夫は、大人の発達障害向けのライフハック本には大体書いてあることなんですよね。本に書いてあることを、丸っと真似してしまえばいいし、自分に合わせて応用すればいい。でも、一方で病後の僕が、すごく苦労しながら探し出していったものに、自分自身の気持ちのコントロールのテクニックがありました。

山口　気持のコントロール……

鈴木　例えば日によって、朝起きた時に何もしていないのに気持ちがものすごくざわめいていることがあって、一日が駄目になってしまうんです。それにどう対応するかとか。

山口　ざわめいていると丸一日駄目になってしまう……。

鈴木　そう。一日中苦しくて、仕事も家庭も立ち行かないんです。横隔膜が不安定な感じで、声も震えがちだし、不安な状況の人間と同じような感じ。

山口　それは例えば何かが気になっているとか、前の日に何かがあったとか、そういうことは何もないんですね？

鈴木　それが、ないんですよ。何も心配事がないはずにもかかわらず、ものすごく不安を抱えている時や、ものすごく危うい状況にいる時と同じような心理状態なんです。高所恐怖症の人を高いところにいきなりポツンと置いたような不安感がずっとある。

山口　そういう状態で目が覚めるということですね。

鈴木　そう。いわゆる心理的な不定愁訴と言われるような状況で、多分起床して姿勢や気持ちを平静に保っているだけで脳の情報処理が精一杯、どんな刺激でも破綻してパニックになってしまうっていうような脳の状態が、原因だと思うんです。

山口　うつ病の方の日内変動、朝がダメというのと重なるところがあるのかしら……。

鈴木　起きた時にダメだと一日中ダメという感じです。で、そういう時はやはり朝からずっとヘッドフォンで音楽を聞くという努力をしました。多分僕は病前から音楽に集中する特性が強かったんだと思います。歌詞があるとやっぱり仕事と両立はできないので、歌詞のない、あったとしてもポルトガル語とかパッと聞いて意味を脳が理解しようとしないもの。あとはとにかく、できるだけ不快な情報を摂取しない。テレビは絶対見ない。庭やベランダに出て空を見る。ただ見るのではなく、その動きや形を観察する。屋内だったらやっぱり、白い壁を見るなどですね。

山口　空を見ると少し緩和されますか？

鈴木　少し息がしやすい感じになります。これも妻に教わったことですが、気持ちが落ち着かなくてザワザワとなったら、雲を観察するのがいい。妻はそれが一番効いたらしくて。

山口　自閉症の方がそのようにおっしゃいますよね。

鈴木　やっぱり雲って視覚情報としてシンプルで、ゆっくりなんでしょうね。妻は若い頃、希死念慮が非常に強くて、死にたくて死にたくてどうしようもない時に、死ぬのを我慢するために空を見たと言うんですね。

山口　つらさが伝わってきます……。

鈴木　当時わかってあげられたらと思うと後悔しかありませんが……。あとは、こういう状態の日に人と会って話さなければならないと、本当につらいんです。表情が固まってしまうし、声も掠れて低く震えるし。そんな時の工夫として、声を出すより先に笑顔の表情をつくってしまうという工夫がありました。ニコって。ニコってすると、表情が先に出て、表情に引っ張られて声のトーンとボリュームが上がるんです。

山口　それって心理学の教科書[注11]にあります！　行動が先か感情が先かという。

鈴木　そうなんですね。これも実は妻に教わったことで、驚きました、顔に気持ちがついてくるんですよね。本来、つくり笑いって悪いことじゃないですか。

山口　悪いと思っていますね（笑）。

鈴木　でもそうじゃなかったんですね。

山口　とても興味深いことを教えていただきました[注12]。

悪口を言うのも……

鈴木　あとは、気持ちがざわつく時に、自分の中に自分を不快とか不安にさせる思考が何かないか探して、それを人に言うということも、気持ちを落ち着ける効果のあることでした。具体的には、嫌いな人のことの悪口を、その人に同じ感情をもっていそうな人に話す。悪口を共有して、あいつ本当に嫌だよねという話を言い合うとすごく楽になった。僕、病気の前は陰口が大嫌いで、飲み会などでそこにいない人の悪口が出たら、その人がここにいても恥ずかしくない話だけをしようって、話の流れを止めることが多かったんです。でも陰口がメンタルのコントロールの一つだなんて、本当に想定外ですよ。愚痴を言うということも同様ですね。

山口　悪口や愚痴というのは決して良くはないけれど、でも悪い気持ちをずっと引きずるよりはそのほうがいいということですね。

鈴木　そうです。逆説すると、悪口とか愚痴の多い当事者さんはもしかすると、このザワザワした不安定感の中で苦しんでいる状況かもしれない。悪口の対象との関係性とか愚痴の内容の解消が必要なんじゃなくて、その正体不明の心のざわめきのほうがケアすべき状況なのかもしれない。なかなか難しいと思いますが、支援サイドはそこまで深読みしてくれたら、すごくうれしいです。

山口　苦しさを何とか解消しようとしての悪口なんですね。

鈴木　その他、仕事上で気持ちのコントロールのテクニックとして、上手にいかなそうなことは諦めて、あらかじめ諦める宣言を他者にしてしまうというのも、大事なことでした。「具体的な弱音」みたいなものです。例えばお話をする前に、話している時に聞き取れなくて聞き返すことがあるかもしれないと言ったり、脳がいっぱいいっぱいで言葉が出て来なくなったら手を挙げて合図しますと宣言しておくとか。

身体的症状で困っていることに、極度に緊張しながら話していると、空気を飲んでしまってゲップが出てしまうってことがあって、これも病前では考えられなかったことですごく困るんですが、講演会などではもうゲップが出ることは諦めて、最初に事情を話して「一〇分後にゲップをします」と宣言する。これもずいぶん楽になりました。それでもパニックになったら水を飲むとか。

[注11] アメリカ心理学会の初代会長のウィリアム・ジェームズは「悲しいから泣くのではなく、泣くから悲しい（the more rational statement is that we feel sorry because we cry, not that we cry because we are sorry. James, 1884)」という、暗黙の了解事項である「悲しいから泣く」とは異なる説を唱えた。現在では同様の説を唱えたデンマークの医者カール・ランゲの名前とともに「情動のジェームズ＝ランゲ仮説」として知られている。

[注12] 「田中ら（二〇〇三）は、看護師を対象として笑顔で過ごすことの有効性についての勉強会を実施し、笑顔マニュアルを作成、配布した。また、業務中にも積極的に笑顔を取り入れるよう求め、それらの実施前後でバーンアウト尺度による調査を行った。その結果、実施後にはバーンアウト尺度の得点が低下し、ストレスが軽減されることを報告した。」（藤原、二〇一五）

山口　水を飲むのは効きますか？　パニックになった時に、水を飲むと少しホワッとなります？

鈴木　ホワッとはならないけれど、ホワッとなる準備ができる感じです。緊張状態を少し緩和する準備が水でできる感じ。水を飲んでから、ため息です。

山口　ため息は効く？

鈴木　そうですね。ため息はすごく効きます。緊張状態やパニックの時は必ず横隔膜が上がっているので、吐く息より吸う息のほうが多くなって、肺の中が空気でパンパンになりがちなんです。そこで、一回全部吐ききると、あれ、まだ残っている、まだ残っていると、本当に吐き切って、こんなに吐けてなかったんだってなる。それで、横隔膜が少し下がってくれる感じです。あとは座る。立っているだけで人間は脳を使っているので、座る。本当は身体を横にするのが一番なんでしょうけど……。

山口　今ご自分がいい状態でいるために、どのようなことをしていけばいいかをいくつか話していただきました。

一番の特効薬は

鈴木　でも実は、これだけいろいろやっても、一番劇的に楽になれたのは、結局、妻に頼るってことなんですよね。これは誰にでもある環境ではないので、お話しすることは少し残酷にも感じるんですが。

山口　理解してくれて、否定しない。奥様は否定されなかったと思うので、そういう存在がいてくれたことは大きいですね。

鈴木　本当にそうです。例えば人に不自由を訴えた時に「鈴木さん、それはよくありますよ」「自分にもよくあることですよ」と言われると、すごくその苦しさを否定されたような気がしましたが、妻に同じことを言われても否定された感じはしませんでした。なぜかと言うと、僕は妻が本当にできないことを知っているので。

山口　「鈴木さん、それはよくありますよ」と言われると否定された感じがしたというのは？

鈴木　例えばちょっとしたケアレスミスや注意のミス、物忘れなどは認知的な多忙状態にある人や強いストレスがかかっている人はみんな起きる状態なので、「鈴木さん、それ私もたまにそうなりますよ」と言われがちですよね。たまにあるのは知っています。でも当事者にはそれが二四時間ずっと頻発し続けるから、苦しいんですという。

山口　というところですよね。否定されたというよりも、わかってもらえてないという感じですかね。

鈴木　否定ですね。苦しさをないことにされてしまった感じ。

山口　他の人にもある、自分にもあると言われると、大したことないと言われてしまっていると感じてしまう。でも、「違うんだよ」ということですよね。

一つ伺っていいですか。奥さまに背中に手を置いてもらうだけでもというのが本に書いてあったと思いますが。そういう信頼できる人が体に触れてくれるのは、フーッと力が抜けるような感じですか。

鈴木　いえ、あれはもっともっと劇的なものです。例えば街中で動けなくなってパニックになってしゃがみこんだ時に、妻が背中を撫でたり手を引いてくれると、苦しかった呼吸がいきなりできるようになって、肺に一気に空気が入り込む感じ。脳の中でぐちゃぐちゃになっている情報処理がいきなり立ち直って、世界観や思考のリアリティがギュッと戻る感じ。駅のアナウンスが何を言っているのか全然わからない音としてしか感じられなかったのが、突然意味を伴った言葉として頭にダイレクトに入ってくる。読めなかった文字の意味も入ってくるし、ものすごいスピードで歩いていた周囲の人たちの速度がシュっと普通の速度に戻るような、本当に劇的な復帰という感じなんです。ありがたくて、涙が溢れそうになりますよ。

山口　それはすごいですよね。もう一つ伺いたかったのは、奥様ではなくて他の人だったら駄目だった？

鈴木　多分。

山口　例えば奥様のお母様も心配して、いろいろしてくれる存在だったと思いますが、もしお義母様が背中を撫でてくれても同じことは起こらなかった？

鈴木　ああ、義母なら起こったかも。他人ではない、身内だからかな。多分赤の他人でもすごくほっとして、苦しさが和らいで、呼吸ができるようになることはあるかもしれないけれど、触られた瞬間に劇的に、というのはないと思うんですよね。

山口　私たち日本人はあまり体を触ることをしないですよね。だから、例えば私が鈴木さんの背中を撫でたとしたら、鈴木さんは奥様に撫でられたのと同じようには思わないですよね。むしろザワザワしたりして。

鈴木　どうでしょう。劇的ではないけれども、そんなにひどい状況ではない、独りでどうにもならない状況ではないいって感じることはできると思います。退院直後であれば、ありがたくて泣いてしまったと思う。当事者ってもうぐちゃぐちゃの中で生きているわけで、触る人はもうちょっと整理された世界に生きているわけです。その整理された世界観が、ちょっとこちらに入ってくる感じ。

山口　例えば入院している時にセラピストや看護師さんなどが関わっていて、背中をそっと撫でてくれたりしたら、それはありだった？

鈴木　ありですね。泣いちゃったと思うけど。

山口　ありなんですね。ありがとうございます。

鈴木　たぶん健常の人に触られると、少し健常側に世界が寄るような安心感があるんです。

山口　これは伺ってよかったなと思いました。違和感を持たれるのか、どのようにお感じになるかと思ったのですが、健常の方の世界観が少し入ってくるというのは少しびっくりしました。そんな感じだったんですね。ありがとうございます。

ボディタッチ

鈴木　ボディタッチに関して他の当事者さんと話すと、すごいそれで楽になるという人と、すごいびっくりするという人に分かれますね。もともと触られるのが平気だったとか、あとは感覚過敏の問題など、いろいろとかぶさっていると思いますけれど。リハの先生がマッサージするじゃないですか。あの時にどう反応すればいいかわからないという人がいました。触られることに対して緊張してしまって。どうすればいいかわからなくてパニックになってしまった人がいました。

山口　私も、たぶん男性に触られたら駄目かもしれない。

鈴木　僕は男性でも女性でも平気だな。

山口　人によるかもしれないですね。この人は大丈夫だけれど、この人はちょっととという人がいると思う。

鈴木　明らかにパーソナルスペースではないところにガーッと来ますからね。

山口　そうそう。

症状の緩和

山口　いろいろ症状が出たり、それに対してのいろいろな感情もあったと思いますが、回復、あるいは改善、場合によっては解消といろいろなものがあると思いますし、時間的にもタイムラグがあったりされたのですか？

鈴木　あります。本当に個々の障害、困りごとによって回復具合はバラバラで。号泣するような感情の爆発や離人感は多分高次脳機能障害の急性期症状的なもので、一年ぐらいかけて回復していった。けど何かが回復したり環境調整をすることでやれることを増やしていくと、別の障害が露見して新しい不自由がまた出てきてしまう。

山口　新しい不自由というのは、ある意味でやれることのレベルが上がることでまた出てくるということでしょうか？

鈴木　そうそう。課題の負荷が上がると、克服できてたと思っている失敗がまた起きてしまう。要するに環境調整によって解消されていたものを自分の中で回復と錯覚していて、負荷を上げてその環境調整では間に合わなくなったり、油断して環境調整を忘れると、どっと不自由が復活する。

山口　やれることの量が増えたり、あるいは質が上がることだったり、あるいはご自身の環境調整に対して油断とおっしゃいましたが、油断であったり、時には大丈夫かと思ったりしたことですかね？

鈴木　そうです。どうしても人って、やれるようになるとやることを増やしちゃうので。あとすごく困ったのは、すでにできるようになった作業と同じようなタイプの作業でも、まったく未経験のことをやるとまるでできなかったりする。例えば、非常にわかりやすいのが、先ほど受け入れ難かったとお話しした、自治会の役です。一冊目の闘病記は書き上げて校了したのは、病後八カ月ぐらいなんです。だけど、病後三年後の段階で自治会の仕事っていうまったく未経験のタスクが発生して、そこで集金袋とか集まりことで配布するお菓子袋をつくる単純な手順を組み立てられなくて、パニックになってしまったんです。

山口　そういうのは多分、よその方から見たら、本を書くほうがもっと難しいと思っているから、なぜ集金袋が作れないのと思われたりしますかね？

鈴木　僕自身がびっくりです。病前の経験のあるものに関しては、その記憶をベースにより小さな環境調整でできるようになるけれども、新奇のことをやると、露骨に障害が出るんです。

山口　安心していて、でも、またできない自分に行きあってびっくりするということですかね？

鈴木　本当にびっくりです。でも、その衝撃は徐々に減っていきます。やはり退院直後の玉砕が一番大きくて、絶望に近いです。でもそれで環境調整をしてまた油断や課題の負荷向上によって失敗すると、ちょい玉砕。その次は「またか」みたいに、やっているうちに失敗に対するショックは小さくなっていって、だんだん自分に対して呆れと諦めがついてくる感じですね。

山口　呆れと諦めってすごくいいですよね。

鈴木　呆れがいいですね。またかっていう。そうやって落ち込みが伴わない失敗が徐々に増えていって、今に至る感じです。

山口　その落ち込みを伴わないのがすごいと思いますけれども、だいたい呆れて落ち込むのがなりやすいパターンだと思うんですね。でも落ち込まないで諦めるのは、鈴木さんなりの処世術ですかね。

人的環境調整

鈴木　それは人的な環境調整の結果だと思いますよ。呆れて諦められるのは、リカバーしなくていいからなんです。失敗することを取引先や周りの人間に知ってもらっているので、リカバーして何とかしなければいけない！　ではなくて、「すいません、またやっちゃいました」で済むわけです。相手がわかってくれていれば、そこで「またか」と。

山口　ご自分の中にある失敗を前提にして、かつそれを他者と共有していることが、落ち込まないで済む鈴木さんのやり方なんですね。

鈴木　例えば、そこで取引先から「鈴木さん、いつまでもそれじゃ困るよ」と言われ続けたら僕は確実にうつ病でしょうね。

山口　いかに他者にわかってもらい、事前に自己開示、自分はこういう状態だということを伝え

鈴木　てわかっておいてもらうということ、協力を求めておくかが大事だということですね。きちんと言い訳ができるマージンをつくっておくということですね。今はそれができるので、相変わらずミスはやりますけれど、なんとか想定内に収まっています。やっぱり環境調整って、文字通り当事者を取り巻く人間関係も含めた環境を、障害に合わせて調整するってことだと思うんです。僕自身、どうしても身の周りの自助努力で済む環境調整のほうを重視しがちなところはありましたが、抜本的にお困りごとを改善させるには、どうしても当事者自身だけではなく周囲の理解が必要だということですね。

周囲の人に望むこと

山口　すごく大事なことだと思います。そういう形でご自分のことを周りに伝えたりされているわけですけれど、わかってくれる人もあり、わかってくれない人もあり、許容してくれる人もあり、許容してくれない人もありということだと思いますが、何かこういう反応をされたのが自分ではつらかったというのが、周囲の人の反応でありましたか？

鈴木　一番はやっぱり、「みんなそれやるよ」ですね。

山口　大したことないよって。言葉の裏に匂わせられるというか。

鈴木　そう。大したことないようだけれど、二つの傷つくポイントがあって、病前の僕はそんなミスはしなかったというセルフイメージとのギャップもあるし、あとはみんなに起きるようなことが四六時中起き続けている状態を理解してもらえないと、結局状況が改善しないよっていう失望です。

山口　わかってもらえていない思いが、そこで強く出たということですね。

鈴木　そう。あともう一個。すごくわかってほしいと思うのが、環境さえ整っていればやれるはずなのに、やれないことにされちゃうことです。例えば三桁の掛け算一〇問を一五分でやりなさいと言われたら、多分ほとんどの人ができるけれど、二分でやりなさいと言われたらできない。でもそれは掛け算がまるっきりできないのではなく、二分という環境ではできなくさせているだけですよね。それを、掛け算ができない人扱いされることの絶望感を、高次脳機能障害の当事者は日常的に感じるているとわかってほしいんです。あらゆる人生のタスクについて、いきなり時間制限がドカーンと短くなるような感じ。病前普通にやれていたものを、いきなりすごく急いでやれと言われているような感じ。そして、できない人扱いされちゃう絶望をわかってほしい。

山口　できないのを能力のせいにされてしまうことの悔しさということですね。実は環境さえ整えればきちんとできるのに、そういう視点を持ってもらえないと。そういう配慮のない要請がすごくつらく感じる、負担に感じるということですね。

鈴木　要請もそうですが、本当に掛け算ができない人になってしまったのか、できない人扱いしてるだけなのかをきちんと見極めてもらわないと、就労支援とか機能の評価なんかできないじゃないってことなんです。

山口　できなさが能力のせいなのか、課題や環境の影響もあるのかという、できなさの背景をきちんと評価できていないと、適切な支援もできないし、心理的な支援もできないということですよね。ここも発達障害の方への支援とつながりますね。

7　中途で障害を負うとは

山口　話を移しますが、高次脳機能障害はいわゆる中途障害じゃないですか。それまでそれなりの人生を歩んでいた方が突然脳卒中、鈴木さんの場合は脳梗塞が突然起こって、前の自分とは違う自分を味わわざるを得ない。それはものすごく大きなことだと思いますが、鈴木さんご自身は、中途障害になったということについてはどのようにお感じになっていましたか？

鈴木　実感としては、四年たっていろいろな表現を使いましたが、一番適切なのは高次脳機能障害は中途障害である自閉症です。自閉に一番近いと感じます。

山口　という実感なんですね。

鈴木　そうです。たぶんそれ以外にもたくさん症状があるけれど、一番苦しさの出るポイントが自閉に近いということですね。情報の取りすぎによる、選択できないことによるパニックや、パニックになった後の対処ができないことなど。

山口　高次脳機能障害になられた方が自伝を書いておられて、私はなるべく読むようにしていますが、今の表現は多分今までにない表現ですね。だから中途で障害を負って、人生なぜこんな目にと書いてあったり、つらさは皆さん書いていらっしゃるけれど、「突然起こった自閉症」という表現をされたのは多分鈴木さんが初めてで、でもそれがすごく的を射ていると思います。周囲からの刺激の受け止めが全然違ってしまい、そのことですごく苦しまれて。

鈴木　そうですね。世界の情報が全部インプットされる。そして、アウトプットが今まで通りにできない。そんな感じですね。

山口　ありがとうございます。

鈴木　あと、中途障害であることで、独特の不自由があります。それは中途障害の当事者には病前にやれていた記憶があるので、病前通りのことを当たり前にやろうとして玉砕してしまう。得意だったことが突然できなくなったりもして、以前にそれを工夫で乗り越えたという経験がないから、その点では先天的な発達さんなどより、同じ障害で大きくつまずく傾向がある点です。

山口　そうなんです。そこですよね。突然できなくなることでの感情反応があることで、よりできなくなるというところですよね！

鈴木　例えばもともと暗算が苦手な人は、電卓に頼って計算することを知っているし、それを使う習慣があります。けれど中途障害の当事者って、暗算ができて当たり前の世界で生きてきて、そもそも電卓という道具の存在を知らないって具合なんです。いきなりできなくなって、それを解消した経験も知識もないから、どうすればいいのかわからないという具合。

山口　そうなんです。そこで生じる混乱や困惑といった感情を、もっとリハ職の人に知ってもらいたいと思っているんです！

鈴木　結局その結果、一回一回いろいろなシチュエーションで全部一回玉砕して、それぞれについて人生初の対策会議をやって、同じ玉砕を繰り返さないように環境調整していかないとならない。まさかそんなことでミスしないだろうということで、毎日何度もつまずくので。こういう失敗をするなら別のシーンでも失敗するだろうという予測や、失敗を未然に防ぐ対策の応用が利くようになるまでには、それはもう、かなり時間がかかりました。

山口　多分応用ができるようになるのは、つまづいたのはどういうメカニズムでそうなったのかと見えてきて、では同じ対応ができるのではないかと気付けるようになるということですかね。玉砕した時に落ち込むのではなくて、どう環境調整するのかという発想にすぐ行かれたのが鈴木さんの強みだと思いますね。

鈴木　でも正直、もし初期から環境調整で楽になるって知識や妻の指導がなかったら、僕も折れてしまっていたと思います。なので本来は、まだ病棟にいる段階で、玉砕にならない程度の知識の伝授や環境調整の予行演習をしてほしかった。

山口　本当にその通りですね。

症状を見過ごされている人たち

山口　すごく早い時期に本を二冊お書きになっていますよね。読者からいろいろな反響があったとお伺いしていますが、読者からの反響で、こういうのは受け止め難かったというのはありますか？　以前読者からの声が地獄だったとおっしゃっていたので、私それが印象に残っていて。

鈴木　まずは、明らかに脳卒中や脳外傷の既往があるのに高次脳機能障害と診断されず、うつで何年も精神科をたらい回しにされたあげくにようやく診断されたというケースがあまりに多いこと。明らかに障害があって困り果てているのにまだ未診断のケースとか。就労支援につながっても全然残存能力をスクリーニングしてもらえなくて、ものすごく高度な仕事もできるはずなのに単純作業の訓練ばかりやらされていたり、ご家族の理解をもらえなくて毎日攻撃されているとか。あと典型的なのが、退院して何とか復職して、死に物狂いで頑張っても、三年後四年後にうつを発症して失職して、今かかっている病院は精神科ですというケース。

山口　いかに高次脳機能障害の方がきちっとした支援を受けられないまま苦しんでいるかをお知りになって、とてもつらかったということなんですね。

鈴木　そうです。見るに堪えない。高次脳地獄という感じです。

山口　そういうことだったんですね。

事故後、診断までに時間がかかるケース

鈴木　講演会や闘病記の感想を通じて高次脳機能障害の当事者さんやご家族の状況を聞いていて、非常に残酷だなと思うのが、未診断ケースです。先日も、脳外傷後にいくつか病院に行っても高次脳機能障害と診断されていなくて、八年かかってうつ症状からかかった精神科医によってこれは高次脳機能障害だと。ようやくつながったケースを聞きました。

山口　そんなに診断が遅れることというのは……。

鈴木　もう、ありありです。頭部外傷があるのに高次脳機能障害が残っていないはずがないぐらいに僕は思いますが、皆さんおかしい、おかしいと言って、やはり生活や仕事でつまづいて、メンタルに失調を抱えて、精神科にかかってそこでというケースは結構聞きますね。

山口　交通事故やスポーツ事故の場合、何％かは画像に所見が出ないことがあります。高次脳機能障害支援モデル事業でも一二％の方が画像に所見がありませんでした。

軽症脳外傷 mild TBI[注13]と言うんですが、意識喪失がなかったり短かったりという方たちの中で画像所見がない方が結構いるんですね。でも実際は高次脳機能障害が起こっている方もいらして、鈴木さんがおっしゃったようにきちっと診断を受けずに復職、復学されて、

その後以前と同じようにできないことでうつになられる方が結構多いんですよ。

鈴木　そうですよね。適応障害になる、うつになる、失職する。精神科にかかる中で、あちらこちらはしごして、どこかの精神科の先生がこれは高次脳機能障害ではないかとつながるケースが、何年後かにというのをあまりにも多数聞いています。

山口　画像所見がないのに自賠責の裁判で高次脳機能障害であると認められたのは、日本では数例しかないんですよ。今、交通事故の方で特に身体障害が重く出たりする方は認定される方がほとんどですけれど、体に障害が出ないで、高次脳機能障害で、画像所見がない方の場合には認められず、だからこそ周りに理解されなくて、ご本人もなかなか自分のことがわからずご苦労されている方が結構おいでになると思います。

鈴木　すごく多いと思います。精神科医療の現場でも、実は高次脳機能障害がベースになっているうつではないかと、事故があって、その後の不自由によってうつや適応障害を起こしてしまっているのではないかと、心理職の人が掘り下げてくださると本当はいいですね。

山口　そうですね。

鈴木　でも、心理さんがアプローチできるのは、どのタイミングでどの場所でといったら精神科になるのか。

山口　そうですね。ただ心理職は医者のオーダーがないと評価も検査もできないので、精神科のドクターが「ひょっとして」と思って、検査のオーダーを出してくれないと心理のところには回ってこないし、総合病院に心理がいることは増えてきてはいるけれど、精神科からのオーダーが一番多いとは思いますが、他の科からのオーダーをこなしていることも多いのが現状かと思います。高次脳機能障害の方がいらっしゃった時に、まず医者が疑ってオーダーを出してくれないと、心理はなかなか評価ができないというのが今の現状。かつ、総合病院でも精神科でも心理職の配属が非常に少ないので、その方の心理面も含めたアセスメントもなかなかきちんとできないし、高次脳機能障害を疑って、神経心理学的な検査ができないところもあると思います。

鈴木 誰につないでもらえればいいんだろう。例えばPSW（精神保健福祉士）の配置基準がも

［注13］軽傷脳外傷（MTBI mild TBI）は、
1．受傷後三〇分または医療機関受診児のGCS（グラスゴーコーマスケール）が一三～一五点
2．以下の基準を一つ以上満たすこと
①混迷や見当識障害
②三〇分以下の意識障害
③二四時間以内の外傷後健忘
④神経学的異常（例えば局所症候、けいれん）
とされている（Carroll et al., 2004）。
また、日本頭部外傷データバンク（Japan Neurotrauma Date Bank: JNDB）の二〇一一年のOne Week Study（OWS）によれば、軽症脳外傷（GCS一四～一五点）中症脳外傷（GCS九～一三点）重症脳外傷（GCS三～八点）はそれぞれ、七七％、九％、一四％という割合であり、軽傷脳外傷が圧倒的に多いことがわかる（奥野、二〇一四）。

う少し充実すれば、地域支援につなげる中で、高次脳機能障害を疑う思考を持って、地域の高次脳機能支援拠点病院につなぐとか、そういう流れがないかなと。

山口　ＰＳＷも、まだそこの段階には至ってないと思います。そもそも配属も少ないのと、もう一つ、これは高次脳機能障害ではないかと疑って、例えばドクターに、そういう評価ができるところにご紹介するのはどうでしょうかと進言できることは少ないように思いますね。

鈴木　立場的にも。

山口　立場的にも、知識としても、そこまで至っていないように思います。

鈴木　じゃあ誰が助けてくれるんだろう？

山口　当事者の方たちが精神科を受診されることは少ないです。また、残念ながら、精神科のドクターで高次脳機能障害に関心があるドクターも少ないのが現状だと思います。特に、交通事故後、精神的に不安定になっておられる方への対応が不十分だと思います。

鈴木　困りますね。ＰＴＳＤの人と高次脳機能障害の不自由感はすごくかぶるので、鑑別は難しいかもしれない。

山口　そうなんですよ。でもＰＴＳＤの方もベースに実は脳機能の問題だけではなくて、脳の器質的な問題があるかもしれないですよね。実際ＰＴＳＤの方は、海馬の部分が小さくなる方がいることがわかっていますから。

鈴木　そうですよね。

山口　少しずつ、症状を脳の機能と関連付けて理解する流れになってきたと思います。でも、まだ、解明されていないことや、今は画像診断の限界ゆえに、高次脳機能障害と診断されない方もおられます。今後ＭＲＩなどの画像診断の解析度が上がれば、もっと診断される方も増えてくると思いますし、脳の損傷部位と症状を明確に説明できるようになっていくのではないかと思います。

読者からの反応

山口　もう一つだけお話をお伺いしたいのが、本をお書きになって、こんなに大変な人がいるのがわかったと先ほどおっしゃっていましたけれど、お読みになった方たちからは、鈴木さんに「ここが同じだ」とおっしゃってきたかと思います。それは先ほどおっしゃった、感覚の受け止め方が違う、アウトプットがうまくできない、といった点ですか？

鈴木　一番共通してこれだと言われる感想は、しゃべりづらさですね。しゃべれない。会話のキャッチボールができない。特に二冊目の闘病記（鈴木、二〇一八）に書いたしゃべりづらさについての解釈については、とても共感を得られました。会話が難しいのは、情報処理が遅いこととワーキングメモリが低いことと感情のコントロールができないことと、咄嗟に適切な言葉が浮かばないことの複合的な合わせ技だという解釈。それは高次脳機能障害以外の方も言ってくれます。

山口　高次脳機能障害以外の方というのは？

鈴木　精神疾患全般、発達障害の当事者も「本当にこれ！　これが私のしゃべりづらい理由です」っていう声が多いです。あとは雑踏でのパニックや入眠時の過換気発作など、個々のパニックのエピソード。そして退院直後の常に涙が出る準備ができていてちょっとした刺激があっても涙が出たり、感情のコントロールができない状態や、嫌なことについて拘泥してしまうといった、情緒面のコントロール困難。会話・パニック・情緒の三点の不自由が、共感の多い部分だったと思います。

山口　それこそ、高次脳機能障害のリハビリテーションではあまり扱ってこなかったところだと思います。高次脳機能障害は高次脳機能障害支援モデル事業[注14]でその診断基準が定義され、その主要症状として、記憶障害、注意障害、遂行機能障害、社会的行動障害など、と記載されています。そこで、訓練をされる方たちは――私は訓練という言葉がすごく嫌いなのですが――、注意、記憶の認知リハビリテーションを機能回復を目的として行っていることが多いと思います。確かに注意も記憶も苦手になっていらっしゃるけれど、日々の生活の上では多分そういうものが複数絡んで、日常生活での困りごとが起こってきているんですよね。

鈴木　そうですね。普遍的に起きる症状として注意と記憶が大きいのは当然だと思います。でも注意と記憶が悪いことによって一番起きやすい困りごとは、しゃべりづらい、考えがまとめられない、あとは合わせ技で物事の手順が組み立てられずに混乱する、つまり遂行機能障害ということだと思います。

山口　また、しゃべりづらいということが、人を避けてしまったり、人との関係に自信をなくしてしまうことにつながりやすい。

鈴木　はい。それから、そこに情緒も絡んでくると思います。

山口　そうですね。

認知機能単体ではなく……

鈴木　だから、社会的行動障害も情緒としゃべりづらさなどの合わせ技であって、単体の機能を上げたらどうなるってもんじゃないと思うんです。

山口　そうですね。それと、それこそ周囲の人の対応も絡んでいたりするし、環境も絡むし、いろいろなものから出てくる。

［注14］厚生労働省は二〇〇一年から三年間、「高次脳機能障害支援モデル事業」を実施した。そこで作成された診断基準の主要症状の項には、「1．脳の器質的病変の原因となる事故による受傷や疾病の発症の事実が確認されている。2．現在、日常生活または社会生活に制約があり、その主たる原因が記憶障害、注意障害、遂行機能障害、社会的行動障害などの認知障害である。」と記載されている。

鈴木　ああ、そうですそうです。なんと言っても人的・情報的な環境が一番特性の障害化に影響します。

山口　けれども、今の急性期、回復期のリハビリテーションが、高次脳機能障害のリハビリテーションとしてはメインになっていて、そのあと社会的リハビリテーションにつながる場合もあるけれど、みんながみんなその後受けられるわけではない。だから、実はそういうしゃべりづらさや、それに伴って生じる、他のことでも生じる情緒面のしんどさのようなものについて、リハビリがうまく提供されていないところは変わっていってほしいですよね。

鈴木　変わってほしいです。たぶんピンポイントで注意を上げるのではなくて、注意が悪いことによって苦手になることを繰り返し頑張ることがリハビリになるはずなんですよね。ということは本当は、例えば、話をする、聞き取りをする、書き取りをするなど、できなくなりがちなことをきちんとやるような具体的な作業に基づいたリハビリをやってほしいですね。線結びとかもう、やってる方は課題の傾向覚えますしね。要領のいい人は、高次脳機能障害なりに要領を考えてスピードアップしてしまうんですよ。

山口　それをもって注意がよくなったと判断しないでほしいですよね。

鈴木　そうです。だって、リハビリ室の課題はすごく楽しかったですもん。

山口　段々できるようになるから？

鈴木　身体のリハビリはどんどんできるようになるのが楽しい。神経心理学的な評価課題は、ここは踏ん張りどころだ！　って集中してしまうし、すごく頑張ってしまうし、僕の場合は評価点数も極めて良かったですから。でも実際家庭に戻ったら毎日玉砕なんですけどね。退院後の当事者としては、何も集中しない、頑張りもしない、当たり前の日常生活でいろいろな失敗が起きてくるわけなので、そういった当たり前の日常生活こそをリハビリの課題にしてほしいですね。

山口　日常生活はいろいろな要素が絡んで、その中で臨機応変に振る舞っていかなければいけないので、とてもじゃないけれど線結びなんてシンプルなものではないわけですよね。

鈴木　まずは日常に戻せるかどうかの判断はあると思いますけれど、日常に戻せないレベルって何だろう？　難しいな。

山口　日常に戻せないレベル？

鈴木　高次脳機能的な問題として、退院させられない、家庭に戻せないような状況ってありますか？　叫び続けてしまうとか？

山口　そうですね。攻撃的な行動が止められないなど、そういう方もいらっしゃるし。

鈴木　ああ。当事者としては、そこをもって退院の基準にしてほしくないです。望むのは、たとえ入院中に障害をスクリーニングできない程度の軽い高次脳機能障害だったとしても、身体的なＡＤＬが確保できていても、退院後に起こりうる困りごとがどういうものなのか、どう対策すればいいのか、どこに相談すればいいのかって予行演習と予備知識を当事者に与えることを、退院というか、高次脳機能障害一年生の卒業基準にしてほしいということ。リハ課題は機能測定ではなく、少し困難な課題を与える中でちょっとした失敗を経験させ、それに対しての対策の基本ぐらい伝わった段階で、日常に送ってあげたいということです。

山口　まずはそういう発想を、リハに関わるスタッフにもってもらうということですよね。

鈴木　そうですね。加えて心理さんに求めるのは、心理的に破局するという状況が当事者にとってどれほど苦しいことなのか、どんなことをすると当事者はパニックになってしまうのかといったことをリハさんのみならず看護師さんや、できたら病棟内の環境を作るサイドにまで共有する、指導的な立場になってほしいというのが一番の願いですね。

8 臨床心理士に望むこと

日常生活を想定したリハビリを

山口　ぜひとも、特に臨床心理士に望みたいことをお伺いしたいと思っています。

鈴木　リハに関しては、病棟内のリハビリに関して、とにかくちゃんと作業療法室を使ってほしい。日常生活に近い環境がある、家事や衣類の片付けや部屋の片付け、テレビやラジオやパソコンがあったりするところで病前にやっていたことのシミュレーションを本当にやってほしいんですよね。

山口　物が整っている訓練室だけではなくて、少し日常生活に近いような空間で実際に試すようなことを組み入れてほしい。

鈴木　例えば僕がやるのであれば、患者さんの手荷物を持ってきてもらって、作業療法室の座敷みたいなところがありますよね、あそこのテーブルにざっと広げてもらって、それを整理してみましょうか、なんて課題。時間制限をつけたり、横でラジオを流したり声をかけて邪魔したり、テーブルを狭くしてみたり、片手でやらせてみたり、いろいろな情報的負荷を加え、「ちょっと難しい……」となったとしたら、そういうことが苦手になる人が多いんですよ、と。皆さん退院した後に、これの延長線上でこのようなことで失敗しがちですよという障害の自己理解の入り口を、きちんと作業療法室でつくってほしい。

山口　それ、私が家族教室で、ご家族にやっていただいていた課題です！　今、病院で実際に行われているリハビリは、そういう発想は少し乏しいかと思います。どちらかというと、入院されて、いろいろな検査をして、例えば注意はこれぐらい落ちている、記憶は点数的にはこうだといったアセスメントをして、いかにそこから点数を上げるかというところに関心がいっている気がします。でもリハビリテーションというのは、もともと「リ」[注15]というのは「元に」という意味なので、社会復帰というか、その人がよりその人らしい人生を送れるように支援することがリハビリテーションだと思う。そういう視点が乏しくて、機能訓練にとどまっていると思うんですよね。

鈴木　アセスメントそのものが難しいですよね。高次脳機能障害は中途障害ですから、当事者にとっての不自由は機能が平均より落ちていることではなくて、病前より落ちていることなんです。

山口　病前のその人から比べて、どのぐらい苦手になっているかというのは、一〇〇％の評価はできないけれども、そういうことを評価しようと思えば工夫してできることはあると思います。

鈴木 この部分のアセスメントは、やっぱり単なる評価課題をみてリハの提供者が判断するんじゃなく、当事者自身の「何か病前と違う」という気付きを掘り起こして、提供者と当事者の双方でアセスメントしていかないと無理だと思うんです。病後に新たに生まれた不自由や機能低下に気付きやすいのは、ご本人とご家族ですよね。これは前にできたはずだと本人や家族が気付くのが、一番最初の障害発見だと思います。なので、それを一緒に探していくことが、一番支援サイドにお願いしたいところです。

山口 本当にそうですね。高次脳機能障害でもかなり症状が重い方だと回復期でもまだボーッとされている方がいるので、みんながみんな自己覚知できるわけではないと思います。ご家族も、病院にいる時はまだ病人という視点で見ているので、それこそ、「看護師さんの言うことをよく聞くのよ」みたいな病人扱いをしてしまい、ご本人も病人のつもりだと、なかなか見えづらいところがあると思うんですね。でも、支援する側がその後の生活を想定して、お家に戻った時、あるいは仕事に就いた時にこんなことが苦手になるのではないか

［注15］リハビリテーションの語源はre（再び）とラテン語habilis（適した）と、ation（～にすること）からなっている。すなわち「再び適したものにすること」である。つまり、リハビリテーションとは、「個々の身体部位の機能回復のみを目的とするのではなく、障害をもつ人間を全体としてとらえ、その人が再び『人間らしく生きられる』ようになること」である（上田、一九八三）。

と想像力を働かせて、少し工夫して課題をやっていただいたりすると結構わかるものですよね。

鈴木 ボーッとしてるし、病棟を出た後に経験することになる玉砕の前だから妙に前向きだし、病院内は不自由でとにかく早く退院したいって思うし、身体的ADLが確保されていなければ、まず注目してしまうのはそこですから、なおさらですね。

山口 だから、まずは支援する側がそういう発想をきちっともつこと。どういうものを用意すれば、その人の苦手なものが出るのか。先ほどおっしゃったみたいに日常生活に近い空間を用意すればいいのか、あるいは「仕事もどき」と私は言っていますが、お仕事に近いような課題をつくってやるか。

鈴木 そうです！　仕事もどきです！　以前当たり前にやれていたことをやってみて「あれ？」っていうのが大事なんです。

山口 そうですよね。そういう発想をきちっともって、それをリハビリに組み込んでいかれると、それこそお家に帰ってから「えっ？」とならないで済む。ただ、あまり早い時期に「仕事もどき」は無理で、気付きと受け入れがないうちに「仕事もどき」を出されるとそれこそ玉砕されてしまう！

鈴木 そうですね。ただ問題は、体と両方、両立してやらなければいけないですよね。僕自身はOTの時間は、左手の麻痺の回復に全力であたってもらったんですよ。それは限られた回復の時間の中でやってもらってよかったと思うし、得られた回復は感動的だったし、すごく役に立った。体の回復という時間に追われているリハビリのほうを優先せざるを得ない気持ちもわかる。だとすると、リハビリのコマが致命的に少ないですよね。入院生活の中で、一日八時間もベッドでゴロゴロしているのであれば、一時間休み、一時間休みでいいから認知方面のリハビリと体のリハビリの両方をやりたいです。

山口　それは多分、保険点数が縛りになっていると思います。一人の患者さんに何コマまでと決まっていると思うので。多分、入院の時にすべてを押し込んでしまうのは難しいとすれば、退院の後の外来で、むしろ日常生活に戻ってから、具体的に何で困るのかを共有して、環境調整や代償手段なども含めたリハビリが一人ひとりに提供されれば、そちらのほうがいいのではないですかね。

鈴木　そうですね。生活面での環境調整はそれでも良いかもしれません。ただ当事者のわがままから言うと、退院後に本当に致命的な玉砕をすると、その時点で当事者が折れてしまうこともあると思うんです。致命的とは、特に、人間関係ですね。パニックが毎日あって毎晩のように過換気の発作があった時は、あまりにつらくて死んでしまったほうが楽かもしれないって思ったんですけど、死にたいとは思わなかったんです。病後の僕が本気で死にたいと思ったのは、やっぱり情緒のコントロールができなくて妻につらく当たってしまった時。もちろん、妻はわかってくれましたが、当事者の多くはそうしたことで永久的に家族の信頼を失ってしまうかもしれない。ちょっとこれは、本当に自死のリスクに直結しかねない点なので、やっぱり心理さんにはそうした対人関係の破綻を未然に防いでほしいと願います。

山口　それを可能にするためには、回復期のリハビリテーション病院に心理職がもっと雇用されること、そこで、ご本人の心理面とご家族も含めた心理支援が必要だということですよね。

何が起こりうるか前もって伝えてほしい

鈴木　当事者に自己理解を育てるのと同じぐらい重要なのは、やはり家族教育だと思います。当事者がウワーッとなって、例えば暴力を振るったり暴言を吐くような場面は、だいたいは心理的な破局状態からの防衛反応なので、ご家族にはその破局に当事者を追い詰めないような指導がどうしてもほしいです。例えば問い詰めなど攻撃的なコミュニケーションをすると、パニックになった当事者は防衛反応として暴力や暴言を振るいがちになるとか、その状態は当事者にとってものすごくつらくて、その後の自己嫌悪から自死を選ぶ人すらいるんだというようなことを、ご家族にきちんと伝えてほしいんです。

山口　それは今、ほとんどなされていないと思います。そういうことをもっと支援者が知って、入院中に破局しないで済むようなこと、特に家族教育とおっしゃっていただきましたけれど、家族教育も含めて支援が必要ということですね。

鈴木　そうですね。いろいろな当事者の声を聴いていると、なんだか高次脳機能障害の苦しさって、理解してくれない家族との関係の苦しさに収斂しているケースが多いなと思うんです。日常に入ると、一緒にいる時間が長い家族が、当事者自身がコントロールできない部分をコントロールしてあげないといけないので。そもそも病前の家族関係が良好かにもよるし、決して簡単なことではないですが……。

山口　現在、日本ではまだまだできていないと思うので、そういうことが退院前に必要だと鈴木さんに言っていただいて、改めて本当にそうだなと思いました。

鈴木　外から見ているとおかしくなってしまった、暴れているというような反応が、当事者からするとSOSのサインになっていることがたくさんある。「うるさい！」「黙れ！」「ほっておいて」というのは、本当は「あなたのコミュニケーションが僕を破局させて苦しいからやめてください」というSOSかもしれないってことを、考えてほしいんです。

山口　できれば入院中に当事者の支援もだけれど、家族支援も含めてやっていくことがすごく大事ということですね。リハビリテーション領域で働く心理職に対し、できるだけ入院中からお家に帰った時を想定した、大変なことが未然に起こらないような支援が必要だということですが、それ以外の領域で働く心理職にも鈴木さんは伝えたいことがあると以前におっしゃっていたと思いますが。

鈴木　やはり支援の現場に「起きている問題の解決から考えない」ってことを通底させてほしい

ということです。例えば、高次脳機能障害の当事者が表に出なくなり、引きこもってしまった。この時に、どうやって外に出そうかではなくて、なぜ外に出なくなってしまったかを想像しやすいのは心理職さんなので、そこをうまく掘り出したり類推する方向に、現場を導いてほしいです。

山口 そうしないと本当の意味での解決にはならないですよね。今おっしゃっていただいたことは、リハ領域で働いている心理職にも必要だし、リハ領域以外でも多分必要ですね。それこそお家に帰って、お子さんであれば不登校になることもあるでしょうし。あるいは、大人の方の引きこもりであればリハ領域の心理職の手を離れてしまっていることも多々あると思います。心理職は今、スクールカウンセラーや児童相談所の心理、心療内科の心理など、いろいろなところで仕事をしていますけれど、そういう人たちが起こっている現象をどのように変えようかということではなくて、なぜそのような現象が起こっているかということをきちっと理解して関わるということですよね。

鈴木 そうですね。まずうつや適応障害などのベースに高次脳機能障害がないかを疑う。求め過ぎかもしれませんが、例えば虐待を受けた子どもは、不適切な養育そのものが脳の発達を阻害するというエビデンスもありますが、それとは別に虐待は脳外傷の可能性が非常に高いわけですよね。そこをベースに、もしかしたらこれは発達の問題ではなくて、外傷ベースかもしれないというような掘り下げをしてほしかったり。ただ外傷ベースだったとしても、やるのは療育だと思うので同じか。

山口　でも、器質的な損傷があるかないかはすごく大事なことなので、器質的な損傷が起こっていて、例えばそれが同じお家でいれば、また起こるかもしれないし。

鈴木　そうですね。そういう鑑別にもつながるし、プラス高次脳機能障害であれば回復傾向にあるものなので、先天的な発達さんとは同じ療育でもアプローチが少し違うかもしれない。それはずいぶん突っ込んだ話になりますが、そういうことはまずしてほしい。

あとは高次脳機能障害の症状、特に僕らのような軽度の人間が社会活動の中で起こすような不具合は、脳の不具合のデパートのような感じなんですね。僕らをサンプルにして、心理職さんは、発達障害や認知症や精神疾患や、いろいろ脳に不具合が起きている人には同じようなことが起きているのではないかと、想定してほしいと思います。うつの人もパニックの人も適応の人も、みんな僕らと同じように話しづらさがあるし。

もっと広げれば、僕が病前の取材活動で接してきたような多重債務者とか貧困の当事者、暴力の被害者なんて、結構同じような不自由を持っているように感じるんです。日々こなさねばならない課題や解決の糸口が見えない不安要素があまりにも多すぎて、脳の情報処理が常時破綻寸前というのが、彼らの日常ですよね。その状態の人間は高次脳機能障害とすごく近い状態にある。ということを前提に、われわれに対するケアをもっと他のところにも広げていってほしいという思いはあります。

山口　鈴木さんのように自分に何が起こっているのかを語ってくださる高次脳機能障害の方の言葉に耳を傾け、高次脳機能障害ではないけれど、大変な状況に置かれた方に起こる脳の機能不全、その原因や起こった時の状態を知った上で、心理職だけではなくて、ケースワーカーや、いろいろな人を支援する人、困っている人を支援する人に知っておいてほしいということですよね。

当事者の心理について解説してほしい

鈴木　そうですね。心理職にお願いしたいのは、やっぱりそうした援助職全般の指導的立場になってほしいということです。

山口　指導？　鈴木さんがおっしゃりたいのは、脳機能がうまく動いていない人のメカニズムやいろいろなことを知った上で、実際に直接対応する人たちの指導をしてもらいたいということ？

鈴木　そうです。あと、応対に加えてその状態の人間がものすごく苦しさを感じている状況を啓発してほしいんですね。心理さんは、人の心理がどういう環境で不具合をきたすのかと、見えない心の苦しさのプロですから。

山口　どういう環境、どういう状況に置かれた時に不具合が生じるかをきちっと他職種に説明して、その人たちが困っている方をきちっと理解して支援できるようにしてほしいと。

鈴木　そうなんです。ほんと、どんな人にも起きる脳の不自由が四六時中起き続けるのが高次脳機能障害なので。ちょっと余談ですが、一冊目の闘病記の読者感想で、妊娠のご経験がある女性からの反応が比較的あって、重いＰＭＳの方や妊娠前後のマタニティブルーを含めてホルモン失調があった時に、鈴木さんの高次脳機能障害と同じような症状がありましたと言うんです。注意に関しても、記憶に関しても、情緒に関しても、みんな妊娠と重なるところがあるらしく。ものすごく驚いたんですけど。

山口　私、よくわかります。私は出産の後に、子どもが保育園に入れなかったんです。すごく前の話ですけれど。でも私は常勤職だったので、どうしていいかわからなくて。子どもが一二月に生まれたので、一〇月までに産んでいないと、つまり生後六カ月たっていないと預かってもらえなかったんです。でも私は専門職だったので、産休が産前産後八週しかなかったんです。育児休暇がなかったんです。出産直後で初めての育児で預けるところがない。でも仕事には戻らなくてはいけない。ものすごく情緒不安定だった時に、お子さん連れのお母さんを見るとわっと涙が出て……。

鈴木　認知的多忙プラス心の問題もあり。

山口　それと情緒的不安定と。

鈴木　そうなんですね。やっぱりお困りごとのデパートであり、みんなに共通することがものすごく強く出るのが、高次脳機能障害なんですよね。そう考えると中途障害で自閉になった

山口　僕と言いましたが、もしかしたら自閉さんも同じく脳のお困りごとのデパートかも……。高次脳機能障害は認知の障害と定義されていますよね。でも、それにとどまらないということですよね。当然認知に障害が出れば情緒や感情も不安定になるし、対人関係も含めていろいろ影響が出るので、トータルな障害としての理解がないと適切な支援ができないということですよね。

鈴木　そうですね。

山口　逆にうつの方は、情緒の障害と言われていると思いますが、でもそういう方も認知に影響が出てしまう。

鈴木　うつで認知的問題がない人なんて、一人でもいるのかって気がしますね。

山口　そういう理解のされ方を、今までされてこなかった。要するに当たり前のことなんですよね。気分が落ちれば、元気に頭の回転が進むわけでもない。だって頭の中が「どうしよう、どうしよう」と言葉がグルグル回っている状態で、不安が頭の中で渦巻いている状況なので、何かに注意を向ける、覚える、思い出すなどできないと思いますね。私そこは専門ではないのでわからないのですが、そういう理解がどのぐらいされてきたのかを改めて気付かされました。だからどの領域であっても、心理職は何か精神的に困っている方、何か課題を抱えている方に対応する職種だと思うので、このような認知と情緒、対人社会性のことも含めてトータルに理解して支援することを忘れてはいけないということですよね。

鈴木　そうですね。

山口　そのためには鈴木さんのように、当事者の方で語ってくださる方からお話を伺えることがすごく大事だと思います。

鈴木　頑張ります。僕以外の当事者も何とか言語化してほしいと思っています。

山口　それぞれの方に違う側面もあるでしょうし、症状も違うところがおありになるでしょうしね。

鈴木　言語化することは、最近オープンダイアローグが注目されているように、自分自身の障害や不自由の外在化をすることで初めて自分向きのカメラが発達するということがありますもんね。記者業は基本それがそのものの仕事だったから、そういう意味で言うと、いろいろな当事者さんに発言を促すような活動も今後できていくのかと。今回は対談だけですけれどね。

山口　鈴木さんはいろいろなところでの講演活動も始めていらっしゃるので、当事者の方にも登壇していただくのも一つだと思うし、当事者の方に何か書いていただくことの意味を先ほどおっしゃっていただいたと思うので、そういうこともお伝えいただければと思います。

鈴木　たくさん皆さんに書いてほしいですし、その手助けができたらいいなと思います。

制度について

鈴木　制度的なところをどうすればいいんだろう。でもそこが一番だと思うんですよ。長期的に退院後の当事者を二年、三年追跡して支援していける、つなぎ続けるということが、制度的に今は困難なので。むしろ脳外科病棟、外来リハから一回切れて、その後日常生活で破綻を来たした先でつながる精神科で始まるケアのほうを優先的に拡充したほうが、今の制度的には現実的かもしれないと思っています。破綻したり二次障害が発症してからでは当事者にとっては残酷すぎるので、例えば、外来リハ終了後に精神科につないで、そこで継続的に問題に対応し続けるっていうのはどうでしょう？

山口　本当は退院された方たちが必要な時に高次脳機能障害支援センター[注16]という支援拠点につながって、その支援拠点がそういう方たちのケアができる仕組みをもっていれば一番いいと思うんですね。そこの中で、必要な方は高次脳機能障害に理解がある精神科につなぐことができればいいですが、当事者やご家族は精神科の受診に抵抗がある方も多いです。また、現実的には高次脳機能障害に理解のある精神科はあまりないんですよね。

鈴木　そのようですね。あちこちたらい回しにして、ようやく少し理解してくれるところにつながるというケースが多いですね。

山口　そうでしょう。つまり、たらい回しにされざるを得ない状況があるわけじゃないですか。でも高次脳機能障害支援センターは各都道府県にできているので、そこの機能がもっと充実して、一回病院を離れた方たちのご相談をきちんとお受けでき、改めてアセスメントや、あるいは必要な医療機関につなぐ、場合によっては支援センターに通っていただいてご自分のことをもう一回整理するようなリハビリが組まれるのが理想だと思います。そこには家族支援も同時に含まれ、ご家族への支援もきちんとしていく機能をもっていくことが本当は必要だと思いますけれど、そういう人員配置はされていないんですよ。

鈴木　今、入り口はどうするかと思いました。病院から離れて何年かたち、いよいよ駄目だと失職してしまい、うつになってしまう人がストレートにその支援拠点にはつながらないと思うんです。

山口　ストレートにというのは、ご家族や当事者がそれを知らないから？

鈴木　うん。だって高次脳機能障害だという説明をもしかしたら受けていない可能性があるので。となると、支援拠点側からアウトリーチしないと、なかなか難しいと思うんですね。例えば県内で脳損傷をした人たちに、何年後かに必ず高次脳機能障害支援拠点からダイレクトメールを送って、こういうことが起きていませんかと。起きていたら、もしかしたらあなたは診断されていなくても高次脳機能障害かもしれないので、ぜひ相談に行ってくだ

［注16］平成二〇～二四年度の重点施策実施五カ年計画の中で、各都道府県に高次脳機能障害支援センターの設置が義務付けられ、二〇一〇年（平成二二年）に各都道府県に設置が完了した。現在は、人員配置や事業内容において地域格差が大きいことが指摘されている。

さいというようなアプローチなど。

山口　私がよくお話ししているのは、回復期なり急性期から退院する時には必ず高次脳機能障害のリーフレットを渡してほしいと伝えています。要するに「もしかしたら」という文面でできているもので、「あなたはこうですよ」ということではなくて、「お家に帰ってこのようなことが気になったら、ひょっとして高次脳機能障害かもしれません」というのが一個。もう一個は、「そうなったら支援拠点はここなので、ここに連絡をとってください」というリーフレット。そういうリーフレットを各県だいたいどこも作っています。急性期あるいは回復期で、脳損傷があった方すべてにそういうものを渡しておいてもらう。ただ、「私は関係ない」と捨てられてしまうかもしれませんが、少なくともそういうことがあり得るかもしれない、だったらどうすればいいかというものを渡してほしいと思っています。あとは啓発活動の中で、「高次脳機能障害」とポンと打ってしまうのではなくて、「脳卒中や交通事故などで脳にダメージを負った場合に、このような症状が出ていませんか」というのを前書きにした資料を作って、それで実はこうかもしれないと支援拠点を載せて、それこそ市の広報などに定期的に出してもらうなど。

鈴木　なるほど、市の広報か。確かにそれは強い支援の手段かもしれないですね。

山口　そのようなことがすごく大事だと思うんですよね。ある区だと、高次脳機能障害のポスターを区の窓口や保健所の窓口に貼ってくれているところもあります。そういう形で市民の方が区役所に行って目にしたら、「お父さん、これかもしれない」と思うような仕組みは必要かと思います。

鈴木 そうですね。あと支援拠点をもう少し増やしてほしい。地方の当事者の相談を受けると、交通手段がないとか、生活保護で補助される通院交通費の範囲内に拠点がないとか、問題山積みです。

山口 そうなんです。支援拠点を増やすことと、支援拠点の機能を増やすことと、その両方が必要だと思います。

鈴木 こうして制度や設備、人員配置の問題などを考え出すと、高次脳機能障害の支援は、まだ入り口にたどり着いたに過ぎないんじゃないかと思ってしまいます。そんな中で改めて心理職の方々にお願いしたいのは、これまでないことにされていた僕ら当事者の苦しさを改めて掘り起こし、今後医療体制が拡充していく際に、既存のリハ職と融和しつつ心理面で主導してくださることと、配置そのものを獲得すべく積極的に活動してくださることです。

山口 そう言っていただけてとてもうれしいです。まさに、私が主張してきたこと（山口、二〇一八）ですし、この本を読んでいただくことが、その一助になると思います。他のリハ職と協働しながら、高次脳機能障害の方とご家族の心理的支援を行うだけでなく、リハビリテーションの領域で働く心理職の数を増やすことと、心理学的リハビリテーションの充実に努めたいと思います。

文　献

p.28　鈴木大介（二〇一六）『脳が壊れた』新潮社

p.28　鈴木大介（二〇一八）『脳は回復する―高次脳機能障害からの脱出』新潮社

p.37　柴本礼（二〇一〇）『日々コウジ中―高次脳機能障害の夫と暮らす日常コミック』主婦の友社

p.37　山田規畝子（二〇〇四）『壊れた脳　生存する知』講談社

p.55　Myers, P.S.（1999）Right Hemisphere Damage: Disorders of Communication and Cognition. Singular Publishing Group.（宮森孝史監訳（二〇〇七）『右半球損傷―認知とコミュニケーションの障害』共同医書出版社、九九頁）

p.57　Myers, P.S.（1999）Right Hemisphere Damage: Disorders of Communication and Cognition. Singular Publishing Group.（宮森孝史監訳（二〇〇七）『右半球損傷―認知とコミュニケーションの障害』共同医書出版社、七九頁）

p.57　Heilman, K.M., Scholes, R., & Watson, R.T.（1975）Auditory affective agnosia :disturbed comprehension of affective speech. Journal of Neurology, Neurosurgery, and Psychiatory, 38（1）; 69-72.

p.83　船山道隆、前田貴記、三村將、加藤元一朗（二〇〇九）「両側前頭葉損傷に出現した forced gazing（強制凝視）について」高次脳機能障害研究、第二九巻一号、四〇－四七頁

p.99　Ricker, J.H., Hillary, F.G., Deluca, J.（2001）Functionally activated brain imaging（0-15 PET and MRI）in the study of learning and memory after brain injury. Journal of Head Trauma Rehabilitation, 16; 191-205.

p.102　Ratey, J.J. & Hagerman, E.（2008）Spark: The Revolutionary New Science of Exercise and the Brain. Little, Brown and Company.（野中香方子訳（二〇〇九）『脳を鍛えるには運動しかない！　最新科学でわかっ

た脳細胞の増やし方』NHK出版）
p.105　先崎章（二〇〇九）『高次脳機能障害 精神医学・心理学的対応ポケットマニュアル』医歯薬出版
p.105　先崎章（二〇一一）『精神医学・心理学的対応リハビリテーション』医歯薬出版
p.109　鈴木大介（二〇一八）『されど愛しきお妻様―「大人の発達障害」の妻と「脳が壊れた」僕の18年間』講談社
p.111　高橋知音（二〇一二）『発達障害のある大学生のキャンパスライフサポートブック―大学・本人・家族にできること』学研教育出版
p.137　James, W.（1884）What is an Emotion?. Mind, 9; 188-205.
p.137　田中右更、堀家優子、松重朱美、香川亜里（二〇〇三）「看護師のストレスに対する笑顔の効果」香川労災病院雑誌、第九巻、九九－一〇二頁
p.137　藤原裕弥（二〇一五）「笑いと笑顔が心身の健康に及ぼす影響」安田女子大学紀要、第四三巻、六七－七五
p.155　Carroll, L.S., Cassidy, J.D., Holm, L. et al.（2004）Methodological issues and research recommendations for mild traumatic brain injury: the WHO Collaborating Centre Task Force on Mild Traumatic Brain Injury. Journal of Rehabilitation Medicine, 43（Suppl.）; 113-125.
p.155　奥野憲司（二〇一四）「頭部外傷One Week Studyに見る我が国の頭部外傷の特徴」救急医学、第三八巻、七五一－七五四
p.165　上田敏（一九八三）『リハビリテーションをかんがえる―障害者の全人間的復権』青木書店
p.179　山口加代子、シンポジウムⅣ（二〇一八）「高次脳機能障の診療における他職種連携―臨床心理士の立

場から」高次脳機能研究、第三八巻三号

解説

山口加代子

二〇一九年の十月、日本臨床心理士会主催の年二回行われる定例研修会で、鈴木大介さんと対談する機会をいただいた。鈴木さんは、とても重要なことをいくつも話してくださった。今回、臨床心理士会が書籍化を提案してくださり、この本ができることになった。

脳梗塞を発症された鈴木さんに生じた注意障害や左半側空間無視という症状は右脳損傷であればさほど珍しくない症状である。しかし、それ以外の症状も含めて自分に生じた変化を、これほどまで鮮明に言語化してくださる方は珍しい。それは、鈴木さんが目の前の現象や自分に起こった事を鮮明に表現する能力に長けておられるだけでなく、生きにくい人や障害のある人に寄り添い、話を聞き、それを書くことで読者に伝えて来たという経験が大きい。

鈴木さんは犯罪に手を染める若者や、貧困にあえぐ若者を取材する中で、その多くの方に発達障害があることに気付いた。彼らと接する中で「障害を持っている人たちの苦しさを代弁したい、なんとかその人たちの気持ちがわかりたい」という強い思いが生まれた。そして、その思いが、

表１　高次脳機能障害支援モデル事業で策定された診断基準

Ⅰ．主要症状など 1. 脳の器質的病変の原因となる事故による受傷や疾病の発症の事実が確認されている。 2. 現在，日常生活または社会生活に制約があり，その主たる原因が記憶障害，注意障害，遂行機能障害，社会的行動障害などの認知障害である。

今度は当事者として自分に生じた変化を語ることで、私たちに「障害が生じた人の苦しさや気持ちを知る」という機会を与えてくれた。

二〇〇一年に厚生労働省は「高次脳機能障害支援モデル事業」を実施した。この事業のおかげで診断基準（表1）が定められ、それ以降「高次脳機能障害」という言葉が世の中に知られるようになり、さまざまな支援が展開されるようになった。しかし、鈴木さんが語ってくれた、易疲労、感覚過敏や感情の洪水は、高次脳機能障害の症状として今まであまり取り上げられなかった症状だと思う。

リハビリテーションの現場では多くの人に易疲労が見られるし、ご本人は感覚過敏があっても、それが感覚過敏だと知らず「うるさい！」と一日に何回も怒鳴ることで、あるいは感情の洪水が生じ些細なことにイライラし爆発することで、家族との折り合いが悪くなってしまう方も少なくない。爆発した後、そんな自分に対する強い自己嫌悪とともに落ち込む方の苦しさも並大抵なものではない。

鈴木さんは、自分が「自分の表情がおかしい、しゃべれないと言っているくせにものすごい早口になっている」ことに気付かれた。自分の表情がおかしくなったというのはすごい恐怖だったのではないかと思う。その一方で、そういう自分について「必要以上に感情が大きく出ているので、言葉のアクセルが踏み込まれてしまう感じ。あと相手に言葉を挟まれると真っ白になってしまうとか、早く話し終えないと自分が何を言いたかったのかを話しているうちに忘れてしまうぐらいワーキングメモリが低いとか。諸々合わさって一方的な早口になってしまう。最大の理由は自分の伝えたいことが相手にきちんと伝わってないんじゃないかって焦りだと思う」と分析されている。

実は右脳損傷の方に「やたらと性急に行動してしまい、ゆっくり落ち着いて行うように依頼してもそのようにできない」という症状が臨床現場ではよく見られ、pacing の障害と呼ばれている（宮森、一九八八）。この症状も、リハビリテーションの現場では、「せっかち」と捉えられることはあっても、そのメカニズムについては意外と知られていない。責任病巣も右中大動脈領域の中でも、前大脳動脈領域に近い前頭葉の病巣が重要と考えられているが、まだ不明な点も多い（平林他、二〇〇八）。しかし、臨床現場では行きあうことが少なくない症状であり、性急さが、車椅子からの移乗時や歩行時の転倒、ベッドからの転落、作業や職務における粗雑さや見落としなどにつながるため、リハビリテーションの現場では見逃せない症状である。

右脳損傷の結果として、注意の容量の低下など注意障害が生じやすいといった認知面についての理解は少しずつなされてきていると思う。しかし、鈴木さんが語ってくれた「焦り」「不安」といった感情面については、リハビリテーションの現場であっても、まだまだ理解が不十分であり、対応も不十分であるというのが現状だと思う。

支援者は「早口」や pacing の背景に注意の切り替えや情報の同時処理困難、ワーキングメモリの低下といった認知面だけでなく、何らかの焦りや不安があるのかもしれないという仮説を立てて対応することが必要なのだと思う。

また、脳卒中の方の約半数の方が抑うつ気分に陥ることが知られている。それ以外にも、脳に損傷を負った方の二次症状として不安、抑うつ、過敏性、他者への不信、絶望感、無気力、怒り、社会的引きこもり、恐怖心（Prigatano, 1986, p.41）が知られているが、これらの反応は脳損傷の方を支援する際に見過ごしてはいけない反応である。

鈴木さんの場合は、退院後に感情が爆発する自分にショックを受け、以前とは違う自分に驚き、感情をコントロールできない自分に嫌悪感を抱き「死んでしまいたい」という思いに至ったという。また、感覚過敏や複数情報の同時処理困難といった症状に無配慮な人に対し、強い怒りを感じた。以前の自分との違いに気付くことで生じる自らに対する否定的な感情はとてもおつらかっただろうと思う。同時に、わかってもらえない人達との離別も鈴木さんにさまざまな思いをもたらしただろう。また、会話が困難、ワーキングメモリが落ちたと気付いた鈴木さんは今後の生計や生き方に対する不安も感じただろうと想像される。

鈴木さんが語ってくれた「ショックと苦悩」について、多くの脳損傷者に対し神経心理学的リハビリテーションを提供してきたPrigatano は「認知的リハビリテーションにおける第一の目的は、全体的あるいは一般的な認知的混乱を低減させることである」（Prigatano, 1986, p.52）と記載し、支援者はまず最初に認知的混乱を低減させることを目的に介入すべきだとしている。また、認知リハビリテーションにおける「直接的訓練」はごくわずかの成功しか納めないことをすでに一九四七年にZangwillが記載している。数年ごとに認知リハビリテーションのエビデンスをレビューしているCiceroneも注意障害に対する機能的訓練は脳外傷後の亜急性期には推奨されるものの、自然回復との判別や般化のエビデンスは不十分だとしており、推奨されるのは日々の生活における機能的障害を軽減するための包括的・総合的な神経心理学的リハビリテーションだとしている（Cicerone et al., 2011）。

神経心理学的リハビリテーションの先駆者であるPrigatanoは神経心理学的リハビリテーションの原理を記載している（Prigatano, 1999）。その中で特に「患者が自分の行動を観察するのを援助し、それを通して、脳損傷の直接的影響および間接的影響について患者に教え込む」「患者の感情と動機に配慮したものであるべき」「心理療法的介入は個人的喪失に対処するのを援助する」ということが必要であると思う。

同じく先駆者であるWillsonは「神経心理学的リハビリテーションの目的は障害が生じた人々が最良の水準で幸福な生活を実現すること、すなわち、障害が日々の生活にもたらす影響を低減し、彼らが最も適した環境へ復帰するのを支えることである」（Wilson et al., 2009）と述べており、これこそまさに神経心理学的リハビリテーションの神髄だと思う。

しかし、高次脳機能障害の方が「脳損傷の直接的影響および間接的影響」や自分の「障害が日々の生活にもたらす影響」を理解することは極めて困難なことである。

なぜならば、高次脳機能障害の方は自分の症状や変化に気付くこと、客観的に理解すること、受け入れることが困難なことが少なくないからである。実際、高次脳機能障害者支援モデル事業の参加者の六〇％の方に自己意識性の障害がみられた（長岡、二〇〇四）。自己意識性の障害とは、自分の状態を意識すること・認識することが困難になるという障害である。それは、自分をモニターする機能がうまく作動しないという脳の損傷に起因する場合と、受け入れたくないという心理的拒否から生じる否認である場合、その双方が合わさっている場合の三パターンがあると思う。

したがって、神経心理学的リハビリテーションのプロセスには、自己意識性の障害や否認についても対応しつつ、患者が自分に生じた症状について気付き、日々の生活にもたらす影響を理解し、代償手段や環境調整の必要性を受け入れるプロセスが必要である。

鈴木さんには自己意識性の障害が生じなかったが、鈴木さんが望んだ支援はこの「神経心理学的リハビリテーション」に他ならない。「退院した後の日々が地獄過ぎる」と感じ、「何が起こりうるか前もって伝えてほしい」と要望されている。つまり、注意機能が上がることだけではなく、日々の生活に生じる支障や認知面だけでなく感情面の混乱を前もって予告し、その対処法を伝授してほしかったと。

しかし、現在の日本において、鈴木さんの要望に応えられるような神経心理学的リハビリテーションが提供されることは稀である。

日本におけるリハビリテーションの推進に大きな役割を果たされた上田敏先生は一九八三年に、リハビリテーション医学の方法論について、「第1期（一九二〇～四〇年代）：整形外科的アプローチ、第2期（一九四〇年代～現在）：神経学的アプローチ、第3期：高次脳機能学的アプローチ」と整理し、「最近ではさらに心理学的アプローチの重要性が増してきており、第4のアプローチとして位置づけられる日も遠くないものと考えられる（上田、一九八三）（表2）と記載された。

表2　リハビリテーション医学の方法論の変遷

第1期（1924 ～ 40 年代）：整形外科的アプローチ
第2期（1940 年代～現在）：神経学的アプローチ
第3期：高次脳機能学的アプローチ
第4期：心理学的アプローチ

心理学的アプローチが日本では行きわたっていないと感じていた私は、何年か前に上田先生にお目にかかった際、この記載について質問した。上田先生は「一九六四年にアメリカに留学した際に、アメリカでは医学界でも一般の社会でも心理学的な知識や関心が高く、リハビリテーションの場でもカンファレンス（診療方針検討会議）などで臨床心理の専門家が詳しく患者さんの心理状態を説明してくれ、非常に役に立った」と語られた。

実際、高次脳機能障害支援モデル事業の報告書では、全国の拠点病院における職種別訓練関与時間を調査した結果、高次脳機能障害者の訓練

表３　高次脳機能障害支援モデル事業　職種別訓練関与時間（厚生労働省，2004）

内容	理学療法士	作業療法士	言語聴覚士	心理士	合計
評価	2	5	4	5	16
訓練	9	15	8	8	40
カウンセリング				9	9
合計	11	20	12	22	65

時間数／週、1単位20分

に最も多く関与していたのが心理士であり、心理士の業務内容別関与時間はカウンセリング四〇・九%、訓練三六・四%、評価二二・七%であった（長岡、二〇〇四）（表3）。すなわち、カウンセリングに最も多くの時間が当てられたことからも、高次脳機能障害が生じた方に対して心理学的アプローチが必要であることがわかる。

リハビリテーション医学会も心理学的アプローチに無関心だったわけではない。二〇〇六年に日本リハビリテーション医学会関連専門職委員会は「リハビリテーション診療に求められる臨床心理業務担当者に関するアンケート調査」を全国三九四施設に実施した。回答があった二三三施設の内、七三%の施設（一七〇施設）は臨床心理業務担当者が業務を実施していなかった（表4）。実施していた二七%の施設（六三施設）では、臨床心理業務担当者が対応している障害のうち、最も多く対応していた疾患が脳血管障害であり、次に外傷性脳損傷が続いた。

臨床心理業務担当者が業務を実施していない施設に、臨床心理業務担当者が採用されたら対応を求めたい疾患について尋ねると、第一位が脳血管障害、二位が外傷性脳損傷であった。

表４　リハビリテーション診療に求められる
臨床心理業務担当者に関するアンケート
（日本リハビリテーション医学会，2006）

臨床心理業務担当者が業務を実施	臨床心理業務担当者が業務を実施していない
27％	73％

また、対応内容について実施していない施設に臨床心理業務担当者が採用された際に依頼したい業務を尋ねると、①臨床心理・神経心理検査（一〇〇％）、②心理療法・カウンセリング（七五％）、③初回インテーク面接（三五％）④認知リハビリテーション（二一％）であり、臨床心理業務担当者が業務を実施している施設と同様の順位だった（日本リハビリテーション医学会関連専門職委員会、二〇〇六）。

この結果も、脳損傷のリハビリテーション現場に高次脳機能障害に対応する心理職が必要であるということを示している。

しかし、現在、日本では、脳の病気あるいは脳外傷で急性期病院に運ばれた後、回復期のリハビリテーション病院に転院することが一般的であるが、回復期のリハビリテーション病院における人員配置は二〇一九年度回復期リハビリテーション病棟の現状と課題に関する調査報告書によると、医師一人に対し理学療法士一四・八人、作業療法士八・三人、言語聴覚士三・四人、臨床心理士〇・二人であり、理学療法士対臨床心理士は七九対一という状況（一般社団法人回復期リハビリテーション病棟協会、二〇二〇）である。この数字が、現在の日本の回復期リハビリテーションにおける臨床心理士の関与の乏しさを浮き彫りにしている（表５）。

表５　回復期リハビリテーション病棟 100 床当たりの人員配置
（2019 年度，一般社団法人回復期リハビリテーション病棟協会）

職種	100 床あたりの人数
リハビリテーション科医	1.104
理学療法士	16.439
作業療法士	9.213
言語聴覚士	3.718
臨床心理士	0.208

鈴木さんが語ってくださったことは、生じた現象の詳細と当事者に生じる感情や苦しさ、それに対する具体的な対応についての示唆であり、鈴木さんが語ってくださらなければ知りえなかった当事者の心理が手に取るように伝わって来る。鈴木さんの言葉からも身体のリハビリだけでなく、「心理学的アプローチ」「心理的支援」が必要だということが伝わって来る。

残念ながら、高次脳機能障害のリハビリテーションの現場に心理職が配置されていない今、「心理学的アプローチ」「心理的支援」を心理職だけに期待するのは現実的ではない。また、リハビリテーションに携わる心理職以外の職種が「心理的支援」を行っていることも多い。

しかし、対談の最後のほうに鈴木さんは心理職に対して「当事者の心理について解説してほしい」「援助職全般の指導的立場になってほしい」と語られ、「心の苦しさのプロ」として他の援助職に対し、当事者の心理的側面の解説者、その対応についての助言者になることを希望されている。

これこそが、すでに上田先生が経験されたアメリカで行われていた心理学的アプローチだと思う。日本においても、心理学的アプローチが常態的に行われるために、心理職が研鑽を積むのはもちろんであるが、回復期リハビリテーション病院に心理職が雇用されることが必要である。それだけでなく、精神科領域においても心理職による高次脳機能障害の方の支援の充実が望まれる。

鈴木さんの言葉は、高次脳機能障害が生じるということがどれだけ大変なことなのか、そのリハビリテーションの伴走者に求めることを私たちに訴えてくる。当事者の心理に感度よくありつつ、当事者が自分に生じていることを理解し、それに立ち向かえるよう支援すること。そして、具体的かつ有用な代償手段や環境調整を当事者の心理状態を鑑みながら、当事者が納得でき、受け入れられる方法で提示すること。高次脳機能障害が生じた方の心に寄り添いながら、このような支援を具現できる支援者が一人でも増えていくことを心から願う。

文献

p.185　宮森孝史（一九八八）「右脳損傷とリハビリテーション　心理学的問題」総合リハビリテーション、第一六巻一一号、八五五－八六二頁

p.185　平林一・野川貴史他（二〇〇八）「右半球損傷患者のpacingを考える」Monthly Book Medical Rehabilitation, 99; 61-68.

p.186　Prigatano, G.P.（1986）Neuropsychological Rehabilitation After Brain Injury. Johns Hopkins University Press.（八田武志他訳（一九八八）『脳損傷のリハビリテーション—神経心理学的療法』医歯薬出版株式会社、四一頁、五二頁）

p.187　Zangwill, O.L.（1947）Psychological aspects of rehabilitation in cases of brain injury. British Journal of Psychology, 37; 60-69.
p.187　Cicerone, K.D. et al（2011）Evidence-based cognitive rehabilitation: updated review of the literature from 2003 through 2008.Archives of Physical Medicine and Rehabilitation, 92（4）; 519-530.
p.187　Prigatano, G.P.（1999）Principles of Neuropsychological Rehabilitation. Oxford University Press.（中村隆一・天草万里訳（二〇〇二）『神経心理学的リハビリテーションの原理』医歯薬出版株式会社、二－三頁）
p.187　Wilson, B.A. et al.（2009）Neuropsychological Rehabilitation: Theory, Models, Therapy and Outcome. Cambridge University Press, p.1.（青木重陽、佐藤政広、納谷敦夫、山口加代子監訳（二〇二〇予定）『高次脳機能障害のための神経心理学的リハビリテーション理論・プログラム・訓練と転帰—英国 the Oliver Zangwill Centre での取り組み』医歯薬出版）
p.188　長岡正範（二〇〇四）「高次脳機能障害標準的訓練プログラム、医学的リハビリテーションプログラム（概要版）高次脳機能障害支援モデル事業報告書—平成一三年度－一五年度まとめ」国立リハビリテーションセンター、五七－六〇頁
p.189　上田敏（一九八三）『リハビリテーションを考える』青木書店、一二七－一二九頁
p.191　日本リハビリテーション医学会関連専門職委員会（二〇〇六）「リハビリテーション診療に求められる臨床心理業務担当者に関するアンケート調査結果」リハビリテーション医学、第四三巻一二号
p.191　一般社団法人回復期リハビリテーション病棟協会（二〇二〇）「回復期リハビリテーション病棟の現状と課題に関する調査報告書」

終わりに

はじめに

鈴木大介氏と山口加代子氏の対談に初めて接したのは二〇一九年十月開催の日本臨床心理士会全国研修会障害者福祉委員会企画の講座においてであった。この委員会が企画する講座は毎年人気が高く、この日も約四〇〇名の受講者で会場は満席であった。講座に先立って講師控室でお目にかかった鈴木氏は、眉の濃い、強いまなざしの、そして心と体をいつも動かせていないと気が済まないとでもいうような、エネルギッシュで快活な雰囲気の方であった。他者への気配りに努力されている物言いと、その場におられた山口氏とは事前打ち合わせをされていて、改めての出会いをとても喜んでおられる様子が伝わってきた。高次脳機能障害の当事者であって、回復著しいとはいえ、広い東京ビッグサイトのその会場に無事にたどり着かれるだろうかとの心配がなかったわけではなく、また環境にさまざまな刺激のある中で、お疲れは大丈夫かとの懸念もあった。おそらく大変な段取りの努力をされて見えたのではなかろうかと今は想像する。

当事者の体験に触れて

研修会での九〇分ほどのお二人の対談は、仲良しの会話のようにスムーズであった。しかし鈴木氏が語られたのは、脳梗塞の深刻な発症経過と入院リハビリテーションそして家庭復帰への一連の過程で体験されたご自身の高次脳機能障害との苦闘と支援者とのかかわりのお話であった。そしてそのお話には支援する側が知るべきこと、配慮すべきことが多く含まれ、そして問われていると実感させられた。鈴木氏はその苦闘の過程で、いわゆる症状をさす無表情な専門用語にご自分の状態を照合しながら、その症状ラベルの周辺や裏側に当然伴う文字通りの苦しさを当事者理解に含めることを支援者に求められる。いわゆる「注意障害」は注意が特定の部分に固定されて離すことができない状態と裏腹でもあることなど、支援者が行うアセスメントの幅と奥行きが問われる。

本書でも語られているが、家庭復帰後の生活は、光や音があふれ過ぎ、以前は些細なこととも思えていたはずの生活行動のあらゆる困難が充満している世界であった。そうした洪水の中でパニックになった時、奥様が肩に手を置いたそのことで、一瞬に世界が現実味を帯び、ご自身が統合を取り戻した体験が語られた。それは、私がこの対談を心理職にもっと広く知ってほしい、それには書籍にすべきだと思った瞬間だった。本書にはこのいきさつについて「不安や焦りから注意を肌感覚に転導する」と述べられている。

また、障害は自閉症者の困難に酷似するという鈴木氏の実感をうかがい、私は「あ、そういうことなのだ」と気付かされた。自閉症という方々から受ける、どこかぎこちない動作、行動、話し方のトーンに、気持ちを通わせにくいと溝を感じていた私だが、それは高次脳機能の障害を抱えながらなんとか現実に取り組もうと苦闘している姿なのだ、と瞬時に納得させられたものだった。

高次脳機能障害のアセスメント

鈴木氏は、ルポライターとしてさまざまな理由で生きにくさを抱える人たちを取材し、それを世に伝えることを仕事にされてきた。その体験がベースにあって、ご自身が当事者になられた時に、これはすでに知っている体験だ、という確信があったという。医学的診断は異なっても、困りごとは共通しており、それぞれが体験している困りごとのメカニズムにも共通点が多いとなると、果たして診断とは何か、という困惑に突き当たりさえする。診断はしかし、当事者にとっては支援につながるための切符でもある。支援者は、その切符を間に置いて当事者と出会う場合も多いが、本書で指摘されているように、高次脳機能障害がベースにあることが推定もされていない場合、アセスメントの役割が重要となる。高次脳機能障害がベースにあって、診断名にある症状は二次的なものかもしれないと考えてかからないと、それは見つけにくいだろう。身体の病気も、その原因部位が前もって推定されていないと見過ごされやすい。多くのアセスメントツールは、アセスメントの対象概念を決めているので（知能、人格傾向、対人関係、うつ尺度等）、その人の高次脳機能障害を疑うためには、ツールに依る前に、その観点をもって感じ取らねばならないということになるだろうか。そのためにも本書から得られるたくさんの情報は貴重である。

言葉とその背後について

会話は感情が加わる表現としてやりとりされるが、鈴木氏は、伝えたいことをうまく言葉にできないという困難を報告され、その伝えられなさは、ただ苦しいとしか言いようがないと言う。そして苦しさの内実はたくさんの、強い感覚を伴うという。支援者の課題は、想像力を働かせて表現の背後にある意味や感情を感じ取ることだ。しかし、高次脳機能障害や発達障害、鬱状態等の場合、伝わるものなら伝えたい困難や感情をうまく言葉にできないし、努力してもなかなか伝わらないと言われる。そのこと自体が大きな苦悩であるのだが、外見的にはそのように見えず、「上手にお話できていますよ」と言われてしまう。このずれを埋めるために支援者の方が、当事者が伝えられないことが苦しいのだということをまずは理解している必要がある。そして鈴木氏自身が、病前に取材した人々のそこのところをわかっていなかったことを申し訳なかった、と切実に述懐される。支援者へのこの課題は、前項にも述べたように、言葉で語られないことを感じ取る努力と忍耐の問題となる。そして感じるための指針となる情報が鈴木氏の報告にはたくさんある。

環境調整ということ

障害があっても暮らせるように環境調整が必要だ。鈴木氏がこの言葉を使われる場合、その意味の多様に気付かされる。障害ある人がそれでもやってゆけるように周囲が状況を調整するという意味の環境調整だけでなく、その作業を当事者自身が行う場合、たとえば光が多すぎて混乱するならサングラスや帽子を用い、音の制御が困難なら耳栓をするというような調整は、環境の側を変えるのではなく、その環境でもやれるように自分のほうが工夫する、そういう意味が含まれる。このような環境調整は、たとえば用事をしに外を歩く、という目的を取り下げないことが前提である。リハビリテーションとは、以前はできていたことをこれからもしてゆく、という目標をけして取り下げない、そこに向かう時の困難に取り組んでゆく、そうした工夫を一緒に考える援助が求められる。

「その人」に出会うこと

さて、そうした工夫を一緒に考えることができるために、支援者は当事者の中の「その人」に出会い、コミュニケーションができる関係が必要だ。そのための貴重な情報が、当事者となった鈴木さんからいただけるのが本書である。そして、障害の程度によって難しさが異なるとしても、当事者への支援では、「その人」に出会うことができるかどうかがカギになる。すべての支援がそうであるが、当事者が感じていることを伝えてもらえる存在に支援者がなれるかどうか。鈴木氏はくりかえし「苦しい」と言える相手が、回復の伴走者になってほしいと言われる。支援者には、五感を動員して対象とかかわる在り方が求められる。

最後に、ご自分をこのように開示されて問題意識を喚起してくださった鈴木氏に尊敬と感謝をお伝えしたいと同時に、鈴木氏との対談を研修会に掲げ、それをとおして私どもに脳の機能というものについて、実体験に裏付けられた貴重な知識を伝えてくださった山口加代子氏にお礼を申し上げたい。

付記　この「終わりに」の原稿を読まれて、鈴木氏から以下のコメントをいただいた。読者にもお伝えしたく、掲載させていただく。

「理解者がいて助けてもらえると理解することで、脳のリソースを多く奪い情報処理を困難にしている「混乱と不安という思考」が消え去り、脳が限られたリソースを一気に必要な情報処理のみに回せるようになる、というような機序なのではないかと感じています。不安がどれほど人の脳を不自由にするのか、他者の理解がどれほどその不自由を緩和してくれるのか、この一冊を通して、心理職の皆様がケアの中心として立ち上がってくださいますことを切に望みます」

この出版企画を受け止め、実現の労をおとりくださった金剛出版の弓手正樹氏、立石哲郎氏に感謝申し上げる。

二〇二〇年

日本臨床心理士会専務理事　奥村茉莉子

◆著者略歴

鈴木　大介——すずき　だいすけ

文筆業。一九七三年千葉県生まれ。子供や女性、若者の貧困問題をテーマにした取材活動をし『最貧困女子』（幻冬舎）、『ギャングース（漫画原作・映画化）』（講談社）、『老人喰い』（ちくま新書・TBS系列にてドラマ化）などを代表作とするルポライターだったが、二〇一五年（四一歳）で脳梗塞を発症して高次脳機能障害当事者に。その後は高次脳機能障害者としての自身を取材した闘病記『脳が壊れた』、『脳は回復する』（いずれも新潮社）や夫婦での障害受容を描いた『されど愛しきお妻様』（講談社）などを出版。近刊は初の小説表現である『里奈の物語』（文藝春秋）、援助職全般向けの指南書『「脳コワ」さん支援ガイド』（医学書院・シリーズケアをひらく）など。

山口　加代子——やまぐち　かよこ

大学卒業後、横浜市中央児童相談所に心理判定員として入職。横浜市衛生局心理相談員を経て、平成三年横浜市総合リハビリテーションセンターに臨床心理士として入職。平成三一年同退職。現在、中央大学大学院講師。リハビリテーション心理職会顧問。日本高次脳機能障害友の会顧問。

【著書】『高次脳機能障害マエストロシリーズ4　リハビリテーション介入』（共著、「心理的サポート」、医歯薬出版、二〇〇六）、「心理学的アプローチ」（地域リハビリテーション　特集高次脳機能障害治療・支援最前線、二〇一一）、『高次脳機能障害を生きる―当事者・家族・専門職の語り』（共著、第10話「夫と妻の心の旅」、ミネルヴァ書房、二〇一五）、『臨床神経心理学』（共編著、4章「アセスメントの基本」、5章「支援の基本」、医歯薬出版、二〇一八）、『公認心理師技法ガイド』（共著、「社会的行動障害のリハビリテーション」、文光堂、二〇一九）、「TBIの家族支援」（臨床精神医学、二〇一九）。

不自由《ふじゆう》な脳《のう》

高次脳機能障害当事者《こうじのうきのうしょうがいとうじしゃ》に必要《ひつよう》な支援《しえん》

2020 年 9 月 20 日　発行
2022 年 1 月 10 日　2 刷

著　　者　鈴木　大介
　　　　　山口加代子
編集協力　一般社団法人 日本臨床心理士会

発 行 者　立石　正信

印刷・製本　平文社

装幀　臼井新太郎　装画　尾崎カズミ

株式会社　金剛出版
〒 112-0005　東京都文京区水道 1-5-16
　　　　　　電話 03（3815）6661
　　　　　　振替 00120-6-34848

ISBN978-4-7724-1775-4　C3011　　Printed in Japan ©2020

神経心理学的アセスメント・ハンドブック
［第2版］

［著］＝小海宏之

●B5判 ●並製 ●262頁 ●定価 **4,620**円

●ISBN978-4-7724-1687-0 C3011

発達障害児・者の神経心理学的アセスメントや
認知症における認知機能の評価に用いられる
70にのぼる心理アセスメントを紹介する。

専門医が語る認知症ガイドブック

［著］＝池田 健　小阪憲司

●A5判 ●並製 ●272頁 ●定価 **3,520**円

●ISBN978-4-7724-1559-0 C3047

レビー小体病の発見者・小阪憲司が
認知症全般を縦横無尽に語った対談から，
臨床的アプローチのわかりやすい解説まで，
すべての認知症スタッフ必携の書！

ワークで学ぶ
認知症の介護に携わる家族・介護者のためのストレス・ケア
認知行動療法のテクニック

［著］＝田島美幸　藤澤大介　石川博康

●B5判 ●並製 ●114頁 ●定価 **2,860**円

●ISBN978-4-7724-1709-9 C3011

認知症のご家族の介護でご自身の健康を損なわないように――
本書を使い認知症の正しい知識を習得し介護者のこころの余裕を取り戻そう。

生き延びるためのアディクション
嵐の後を生きる「彼女たち」へのソーシャルワーク

［著］＝大嶋栄子

●A5判 ●並製 ●280頁 ●定価 **3,960**円
●ISBN978-4-7724-1727-3 C3011

四つの嗜癖行動パターンと
三つの回復過程モデルを手がかりに，
女性依存症者たちが身体と生活を取り戻すための援助論。

性暴力被害の実際
被害はどのように起き，どう回復するのか

［編著］＝齋藤 梓　大竹裕子

●四六判 ●並製 ●228頁 ●定価 **3,080**円
●ISBN978-4-7724-1767-9 C3011

「性暴力とは何か」。
被害当事者の人生に及ぼす影響，回復への道のり，必要な支援を，
被害当事者の視点から明らかにする。

罪を犯した女たち

［著］＝藤野京子

●四六判 ●並製 ●192頁 ●定価 **3,080**円
●ISBN978-4-7724-1711-2 C3011

罪を犯した女性たちは，
どこでどのように間違えて犯罪に至ったのか？
筆者がインタビューを行って得た語りの内容を中心に紹介する。